LA FONDATION
MARGUERITE ET AIMÉ
MAEGHT

MAEGHT ÉDITEUR

Avant-propos

Un paysage de rêve rehaussé par la lumière du Midi. Et au cœur de ce paysage, un lieu de vie, de sérénité, protégé des assauts du monde. Un lieu « habité » — c'est bien le mot qui revient dans les propos des visiteurs — même s'il n'est peuplé que de ces choses inanimées face auxquelles on a le sentiment si fort de retrouver une âme. Et pourtant, plus d'un quart de siècle après l'inauguration de la Fondation Marguerite et Aimé Maeght, alors que s'y presse chaque année une foule d'amateurs et de curieux venus des cinq continents, comment ne pas évoquer la somme d'efforts intellectuels et financiers qu'il a fallu déployer, au mépris de tous les obstacles, pour que ce qui n'était à l'origine qu'une chimère devienne cette réalité dont chacun s'accorde à reconnaître aujourd'hui l'indispensable présence.

Je pense évidemment en premier lieu, cherchant, au seuil de ce livre, à leur exprimer ma reconnaissance, à mes parents, sans qui le projet n'aurait certes jamais vu le jour. Il convenait tout de même de ne vraiment pas avoir froid aux yeux pour entreprendre, dans le contexte des années soixante, une aventure à si haut risque. Le divorce entre l'art contemporain et le public, souvenez-vous, était assez largement de règle à l'époque, et les musées, dans leur ensemble ne connaissaient pas la vogue dont ils bénéficient aujourd'hui, à l'occasion, en particulier, des expositions de prestige. Or, je tiens pour acquis que la Fondation, d'année en année, a contribué à modifier le regard porté par nos contemporains sur l'art de leur temps. Tout s'est passé comme si l'évidence du lieu rendait les œuvres plus évidentes à leur tour, assurait en somme, aux yeux d'un public perplexe, leur crédibilité. D'autant que le musée traditionnel, lieu d'exclusion pour beaucoup, jugé trop figé, coupé de la vie, ne se retrouvait en rien dans le dessein de la Fondation : espace d'exposition vivant et accueillant, sans doute, mais également ouvert aux autres arts, aux échanges interdisciplinaires, aux rencontres de toutes sortes où les jeunes créateurs ont la possibilité de côtoyer les artistes les plus reconnus. Lieu public, à la disposition du public, la Fondation est en effet, depuis l'origine, la maison des artistes, qui aiment à s'y retrouver et parfois à se retrouver dans la confrontation que favorise toujours une exposition. Ce n'est pas un vain mot : ils y sont *chez eux* pour y vivre le temps d'un séjour ou pour travailler en toute liberté dans le calme de ses ateliers.

C'est aux artistes, aussi bien, que je voudrais dire également ici ma gratitude. Dès le départ, non seulement ils ont été en accord avec le projet de la Fondation, mais ils l'ont adopté au point d'y collaborer avec enthousiasme, on le verra, à tous les stades de sa réalisation et en faisant don d'œuvres qui sont venues constituer puis enrichir ses collections. Cette adhésion profonde engageant dans un même combat pour la Beauté, un marchand de tableaux, des artistes, de grands poètes, et plus tard des collectionneurs désireux eux aussi d'aider la Fondation par des dons, sans parler des nombreux « Amis » prompts à les rejoindre, ni de tous les collaborateurs qui ne ménagent pas leurs efforts pour la faire vivre, c'est sans doute ce qui définit de la façon la plus émouvante la spécificité de l'aventure. Encore fallait-il que la Fondation soit dotée de statuts lui assurant son autonomie et sa pleine indépendance : là encore, mes parents y ont veillé, dût-elle être le seul musée de France à fonctionner et à se développer sans subvention aucune.

En un temps où la logique économique l'emporte résolument sur toute autre motivation (le mécénat au goût du jour, par exemple, ne cache-t-il pas un souci de rentabilité détourné ?), il ne m'a pas paru inutile de rappeler, sans chercher à faire une légende de son histoire, comment, à l'initiative d'un homme porté par une passion, est née la Fondation Marguerite et Aimé Maeght, de quelle manière elle vit et ce qu'a été son parcours.

Adrien Maeght
Président de la Fondation
Marguerite et Aimé Maeght

MARGUERITE ET AIMÉ MAEGHT

« Tel qu'il est réalisé aujourd'hui, le projet de la Fondation dépasse tout ce qu'Aimé Maeght pouvait oser en concevoir dans le premier moment, quand s'étant retiré à Saint-Paul, ébranlé par un grand deuil, il reçut successivement de Braque et de Léger le conseil d'entreprendre quelque chose de plus grand que lui-même. »

Henry Maldiney, *Derrière Le Miroir* n° 148
Juillet 1964

Le 28 juillet 1964, André Malraux, ministre des Affaires culturelles reçoit des mains des petites-filles de Marguerite et d'Aimé Maeght, Isabelle, Florence et Yoyo, les clés de la Fondation Maeght, posées sur un coussin rouge. La Fondation est le premier « musée » d'art moderne construit en France depuis 1936, année de la création du Musée d'Art Moderne de la Ville de Paris. À vrai dire, elle est bien moins un musée qu'un lieu ouvert à toutes les formes de l'art contemporain.

Ce qui a été tenté ici est entièrement l'œuvre d'un couple, Marguerite et Aimé Maeght, qui a eu pour passion l'art vivant. Cet ensemble architectural est plus qu'un simple témoignage de la réussite d'un marchand d'art : « Ici est tenté quelque chose qu'on n'a jamais tenté : créer l'univers, créer instinctivement et par l'amour, l'univers dans lequel l'art moderne pourrait trouver à la fois sa place et cet arrière-monde qui s'est appelé jadis le surnaturel [1] », déclara à l'époque André Malraux.

Marguerite et Aimé Maeght ont veillé à ce que les murs de la Fondation s'élèvent sur le flanc ensoleillé d'un ravin du Midi. Mais cela n'aurait servi à rien sans la présence forte des artistes, sans la collaboration d'un architecte, Josep Lluis Sert.

Le projet a mûri longtemps, mais en prenant vie, il a révélé le goût et le don d'un couple pour la création de lieux et de climats. Marguerite et Aimé Maeght ont su, au cours de leur vie, inventer des « domiciles » propices à la quiétude, à la confiance, à l'accueil de l'art. La Fondation Maeght est issue de ce rapport clair et assuré au monde. Elle est aussi le sceau du parcours exceptionnel d'un homme et d'une femme.

◄ *Marguerite et Aimé Maeght chez Braque, à Varengeville, en 1952.*

9

L'atelier de l'École des Beaux-Arts de Nîmes.
La croix indique l'emplacement d'Aimé Maeght.

Le C.A.P. d'Aimé Maeght,
seul diplôme qu'il ait jamais obtenu et qui décidera de son avenir.

Aimé Maeght à la sortie du collège technique de Nîmes.

Né le 27 avril 1906 à Hazebrouck (Nord), fils d'un employé des Chemins de fer, Aimé Maeght passe son enfance près de Nîmes, dans le Midi cévenol, où sa mère, veuve de guerre, a été rapatriée par la Croix-Rouge.

Marguerite Devaye, quant à elle, naît le 25 août 1909, à Cannes (Alpes-Maritimes), benjamine d'une famille de négociants de la ville.

Pupille de la nation, Aimé Maeght entre comme pensionnaire au collège de Nîmes, s'intéresse à la lecture, au dessin, à la musique. Initié au violon par son grand-père, à qui il voue une grande admiration, Aimé monte, avec des amis, un orchestre de jazz amateur, *Le Banana's King Jazz*. Il y joue avec aisance du violon, du banjo ou de la batterie, faisant danser la jeunesse de la région. Sa formation au lycée technique de Nîmes terminée, il obtient en 1925 un diplôme de dessinateur-lithographe.

11

*Marguerite et Aimé Maeght
le jour de leur mariage,
le 31 juillet 1928.*

Peu de temps après, il s'installe à Cannes et travaille à l'imprimerie Robaudy où il se fait rapidement remarquer. En tant que chromiste, Aimé Maeght se voit confier des œuvres pour les reproduire, il doit opérer les gestes de report, tracer à l'envers sur les calques la forme qui viendra se poser sur la pierre ou la plaque. Aimé Maeght excelle dans cette tâche, révélant un sens inné de la couleur.

Il rencontre à la même époque celle qui allait devenir Marguerite Maeght, et l'épouse le 31 juillet 1928. En 1930 naît Adrien Maeght. Le couple crée, la même année, l'imprimerie des Arts qui fonctionnera jusqu'en 1946.

En 1936, Aimé Maeght ouvre, parallèlement à son travail chez Robaudy, un magasin de meubles et de postes radio Clarville, rue des Belges, à Cannes. Dans l'arrière-boutique, il continue d'exercer son métier de lithographe, créant de nombreux sigles, conditionnements et affiches. Il ren-

Aimé Maeght et Pierre Bonnard, en 1943, à Cannes.

contre alors, chez Robaudy, Pierre Bonnard, venu faire exécuter une affiche pour un gala de charité de Maurice Chevalier, organisé par la Croix-Rouge en faveur des vieux artistes de Ris-Orangis. Bonnard rendra hommage à Aimé Maeght, appréciant combien il excelle dans l'opération de mise en pages, et dans le jeu des couleurs : « On sent, lui dira l'artiste, que vous avez appris la chromolithographie pour arriver à accorder ce beige et ce rouge avec la chair. » Marguerite Maeght, quant à elle, accroche quelques tableaux aux murs de sa boutique afin de la décorer. Paradoxalement, la guerre fait de la Côte d'Azur le nouveau pôle économique et intellectuel de la France vaincue et la région est le théâtre d'une effervescence inconnue auparavant.

13

La boutique, cependant, par manque d'approvisionnement de produits manufacturés, se vide. Sur les murs ne reste que la peinture et elle se vend !

Progressivement, le magasin se transforme en galerie de peinture, où exposent d'abord des artistes de la région comme Pastour et Jaulme. Aimé Maeght ne s'arrête pas là et attire chez lui Pougny, Jean-Gabriel Domergues, Sébastien, André Marchand, Dany Lartigue... La galerie prend pour nom Arte.

La galerie Arte, rue des Belges, à Cannes.

Alors qu'Aimé est mobilisé à Toulon, Marguerite Maeght contacte Pierre Bonnard installé dans la région du Cannet. Il gardera toujours en mémoire l'anecdote de leur première rencontre. Car Marguerite, qui n'évalue pas très bien l'importance du peintre, non seulement ne doute pas un instant d'obtenir une toile du maître, mais lui assure d'emblée que les prix qu'il avance sont absolument déraisonnables. Ne vend-t-elle pas des toiles de Pastour ? Bonnard, amusé, lui donne cependant une œuvre à vendre, maintenant le prix. Aussitôt placé dans la vitrine — à la grande surprise d'Aimé Maeght rentrant de Toulon — le tableau est vendu. À travers la peinture se noue ainsi une amitié qu'animent de longues discussions sur l'art contemporain.

En 1942, la famille s'agrandit avec la naissance d'un second fils, Bernard. L'année suivante, Marguerite et Aimé Maeght font, également grâce à Pierre Bonnard, la connaissance d'Henri Matisse qui habite Vence, à une centaine de mètres de leur maison. En 1944, en collaboration avec

André Chastel, « Portrait de Marguerite Maeght et ses fils », 1942, huile sur toile, 97 × 130 cm

15

Carton d'invitation Henri Matisse, pour l'exposition inaugurale de la galerie Maeght de Paris, en 1945.

Jacques Kober, les éditions Pierre à Feu voient le jour. Aimé Maeght y publie les premiers ouvrages de la collection qui porte le même nom, *Provence noire* illustré par André Marchand, *Miroirs profonds* par Henri Matisse...

À la Libération, Aimé Maeght a noué de bons contacts professionnels. Bonnard lui conseille de s'établir à Paris et l'accompagne pour un premier voyage de reconnaissance. La chance est favorable à Aimé Maeght. André Schœller, un des experts les plus importants de Paris, décide de vendre sa galerie située rue de Téhéran, dans le huitième arrondissement de Paris. Bonnard pousse Aimé Maeght à acquérir l'endroit. Matisse, qui n'a plus, à l'époque, de marchand attitré, l'encourage en lui promettant ses œuvres les plus récentes pour la première exposition.

Alberto Giacometti, « Portrait d'Aimé Maeght », 1960, ▶
crayon sur papier, 47,5 × 31 cm.

Alberto Giacometti

Henri Matisse, « *Portrait de Marguerite Maeght* », *1947,* ▶
fusain, 61 × 47 cm.

C'est ainsi qu'en octobre 1945, la galerie Maeght ouvre ses portes avec les derniers travaux de Matisse. C'est le début d'une activité artistique intense qui s'exercera dans tous les domaines et associera peintres et écrivains. Le livre et l'estampe sont pour Aimé Maeght des supports d'expression essentiels et il veille personnellement à leur mise en œuvre, inventant à l'occasion des solutions techniques inédites aux problèmes posés par les artistes et les écrivains.

En 1946, naît *Derrière Le Miroir* qui aura une grande renommée. Désormais les petits catalogues d'expositions sont remplacés par cette revue de grand format — au départ une simple feuille de papier pliée en quatre — illustrée de lithographies originales et qui publie des textes de poètes, d'écrivains, de philosophes ou de critiques. L'imprimerie des Arts ferme ses portes à Cannes. La typographie sera confiée dorénavant à l'imprimerie Union ou à Féquet et Baudier, la lithographie à l'atelier Fernand Mourlot, sur place, à Paris.

Aimé Maeght et André Breton, en 1947.

18

En juillet 1947, la galerie Maeght organise, en collaboration avec André Breton et Marcel Duchamp, la *Seconde Exposition internationale du Surréalisme* qui connaît un succès sans précédent et assure sa notoriété.

La même année, Aimé Maeght rencontre Joan Miró. Miró a cinquante-quatre ans, est originaire de Barcelone, mais vit aussi bien à Paris qu'en Espagne. Lors de l'Exposition universelle de 1937, il a exécuté une grande peinture murale, *Le Faucheur* — présentée à côté de *La Fontaine de mercure* de Calder, *La Montserrat* de Julio Gonzalez, *Guernica* de Picasso — pour le pavillon de la République espagnole dont l'architecte n'est autre qu'un de ses amis, Josep Lluis Sert. Miró entre à la galerie en 1948 et rejoint Georges Braque, Fernand Léger ; suivront Bram Van Velde, Marc Chagall, Alexander Calder, Raoul Ubac.

Les activités d'édition deviennent aussi de plus en plus importantes. De nombreux ouvrages de bibliophilie paraissent. Aimé et Marguerite

Wassili Kandinsky, « *Le Nœud rouge* », 1936,
huile sur toile, *89 × 116 cm.*

20

Maeght achètent une propriété à Saint-Paul. En 1951, la galerie présente le travail de Wassili Kandinsky et d'Alberto Giacometti, s'attachant aussi bien à confirmer des personnalités qu'à révéler de jeunes talents comme Saül Steinberg, Pierre Tal-Coat, Pablo Palazuelo, Eduardo Chillida, Ellsworth Kelly, François Fiedler.

Aimé Maeght ouvre ses propres ateliers de lithographie et de gravure à Levallois, dans la banlieue parisienne. Ils rejoindront en 1965 l'imprimerie Arte, 13 rue Daguerre à Paris, créée indépendamment en 1964 par Adrien Maeght. Après la constellation des grands maîtres, Marguerite et Aimé Maeght exposent dans les années soixante, Jean-Paul Riopelle, Antoni Tàpies, Pol Bury, Valerio Adami, Paul Rebeyrolle. À tous ces artistes, ils ne demanderont jamais que ce qu'ils exigent d'eux-mêmes : risquer, aller jusqu'au bout de leur idée. Pour imposer de jeunes artistes auxquels ils croient, ils n'hésiteront jamais à se séparer de chefs-d'œuvre de leur collec-

Georges Braque, « Les Oiseaux noirs », 1956-1957, huile sur toile, 129 × 180 cm.

tion. Jamais ils ne dissocieront l'œuvre de l'être humain qui l'a conçue. Les artistes sont des amis ; une fois acceptés, ils font partie de la famille, au point qu'aucun d'entre eux ne signera jamais de contrat.

« Quand on s'entend bien, disait Marguerite Maeght, un contrat ne sert à rien et quand on ne s'entend pas ce n'est pas ça qui arrange les choses [2]. »

Tout repose sur une question de confiance totale.

À l'aube des années soixante, la galerie devient une des premières galeries du monde. Elle a reçu son baptême des mains de deux figures historiques de l'art du XXe siècle : Bonnard et Matisse. Le couple Aimé et Mar-

Adrien et Aimé Maeght avec Louis-Gabriel Clayeux, en 1956.

Marguerite Maeght et Marc Chagall.

guerite Maeght, solidaire, se complète parfaitement pour choisir les artistes : « Les femmes, dira plus tard Marguerite, ont beaucoup plus d'instinct et sentent les dangers plus facilement que les hommes. Je crois avoir été utile à mon mari dans le sens où je lui faisais voir l'envers du décor, car lui est un enthousiaste, un homme très optimiste. Moi, je ne suis pas pessimiste, mais je suis plus logique. »

Le choix de personnalités aussi diverses que Miró, Braque, Chagall, Tal-Coat, Giacometti, Calder marque le refus de la galerie de se restreindre à un seul courant de l'art. Avec l'aide de Louis-Gabriel Clayeux, directeur de la galerie dès 1947, Aimé Maeght crée un espace ouvert où le verbe et l'image sont réunis dans une pratique qui se trouve ainsi à l'origine de toute l'aventure : l'édition.

CATI CHAMBON

1. Discours d'inauguration de la Fondation, *Derrière Le Miroir* n°145, Maeght éditeur, Paris, 1964.
2. Entretien Marguerite Maeght, Pierre Dumayet *Du côté de chez les Maeght* de Jean-Michel Meurice, 1973, ORTF et Maeght producteur.

Pierre Bonnard, « Jeune fille étendue », 1921,
huile sur toile, 56 × 61 cm.

LA FONDATION MARGUERITE ET AIMÉ MAEGHT

ORIGINE DU PROJET

Alberto Giacometti, Louis-Gabriel Clayeux, Josep Lluis Sert
sur la terrasse du Mas Bernard, à Saint-Paul.

« *J'avais six hectares de terrain sur la colline des Gardettes. J'y ai construit ma maison. Mais un de mes fils est mort, et je n'avais plus envie de rien. Pour la première fois de ma vie, je me laissais aller. Je peux le dire, c'est encore les peintres qui m'ont suggéré la voie à suivre. Georges Braque m'a incité à entreprendre quelque chose qui m'aiderait à dépasser ma peine : un lieu d'art moderne là où nous sommes, parmi le thym et le romarin... Et Fernand Léger m'a dit : "Si tu fais ça, je t'apporte ma barbouille. Je peindrai même les rochers"* [1]. »

En 1953, à la suite de la mort de Bernard, leur fils cadet, victime d'une leucémie, Marguerite et Aimé Maeght, profondément troublés, entreprennent, sur le conseil de Fernand Léger, un voyage aux États-Unis. Ils visitent durant leur séjour, en 1955, les fondations américaines : Barnes, Phillips, Guggenheim. Peu à peu se précise l'idée de créer une fondation dont Aimé Maeght rappelait dans un entretien accordé au *Monde* en 1974 qu'elle était plus que la réalisation d'un simple rêve, quelque chose de secret à quoi il tenait et qui l'a aidé à vivre. Il souhaite y rassembler sa collection et offrir à ses amis les artistes un lieu où ils puissent travailler ensemble et échanger des idées. C'est pour Aimé Maeght l'occasion de faire œuvre de créateur. Une fois de plus, il a envie de prendre des risques. Il se sentait à l'étroit dans sa galerie parisienne qui comptait mille cinq cents à deux mille tableaux et où il ne pouvait de toute façon en montrer que quarante ou cinquante à la fois. « J'avais besoin d'air et d'espace. Je ne voulais pas faire une super-galerie en guise de fondation, mais autre chose qui appartiendrait à la communauté et qui serait à la fois une entreprise indépendante pour pouvoir agir. »

À l'époque, les activités culturelles françaises sont concentrées à Paris, le choix de l'installation à Saint-Paul est un défi.

À Harvard, Aimé Maeght rencontre Josep Lluis Sert. Ce dernier a travaillé avec Le Corbusier, est devenu membre en 1931 du GATCPAC (Groupe d'Architectes et de Techniciens Catalans pour le Progrès de l'Architecture Catalane). Ce groupe d'architectes publiait une revue, *Documentos de Actividad Contemporanea* (dite *AC*) qui proposait dans son éditorial une architecture méridionale, celle des villages espagnols du rivage méditerranéen dont l'architecture de l'île d'Ibiza leur paraît fournir l'exemple et le modèle. En 1955, Sert construit à Palma de Majorque l'atelier de Joan Miró, qu'Aimé Maeght visitera dès 1956, impressionné par la beauté du lieu et

29

l'aspect fonctionnel de l'édifice. À Harvard, Josep Lluis Sert et Aimé Maeght tracent ensemble les grandes lignes d'une « galerie idéale » dans un site unique de la Côte d'Azur, à l'aplomb de la Méditerranée, près des pics enneigés des Alpes du Sud. Les plans de la Fondation commencent aussitôt. Pendant trois ans, tandis que Josep Lluis Sert succède à Walter Gropius à la tête de la faculté, les deux hommes œuvrent à faire de la Fondation un lieu où l'on puisse voir l'art dans les meilleures conditions. Tous les deux sont contre l'idée du musée fermé, vaste labyrinthe dans lequel il faut pour regarder une œuvre défiler devant toutes les autres. Josep Lluis Sert défend d'ailleurs une architecture de climat, une architecture méditerranéenne faite pour un soleil intense, une atmosphère limpide et un paysage avenant. « Notre art ne peut respecter d'autres limites que naturelles, géographiques, éternelles [2]. »

Concrètement, le point de départ du projet est une petite chapelle en ruine, dédiée à Saint-Bernard, retrouvée sur le terrain des Gardettes, à proximité de la propriété de Marguerite et d'Aimé Maeght. Le couple décide de la reconstruire, elle sera partie prenante de la Fondation.

Dès le début, une collaboration étroite s'établit entre l'architecte et son « client ». Quelques semaines plus tard, Aimé Maeght reçoit à Saint-Paul les premiers croquis de Sert. Tous les bâtiments sont dessinés, jusque dans les moindres détails, y compris la chapelle. Le premier projet retenu par Marguerite et Aimé Maeght ressemble à un village. L'ensemble est anti-monumental, les façades imposantes sont délaissées au profit de petits volumes semblables à ceux des maisons d'habitation de villages comme Saint-Paul. Ce plan sera finalement abandonné pour un plan plus simple encore, consistant en deux corps de bâtiments reliés par un hall d'entrée. L'entreprise est considérable, pleine d'imprévus, le couple hésite, puis se lance dans l'aventure.

1. *Le Monde*, 1974.
2. Discours prononcé à l'Association des Élèves de l'École Supérieure d'Architecture de Barcelone en 1934.

La maquette de la Fondation.

LÉGENDES

▨ JARDIN D'ENTRÉE

- 1 MOSAÏQUE DE PIERRE TAL-COAT
- 2 « PÉPIN GÉANT » DE JEAN ARP
- 3 « LES RENFORTS », STABILE D'ALEXANDER CALDER
- 4 « LES AMOUREUX », MOSAÏQUE DE MARC CHAGALL
- 5 CHAPELLE SAINT-BERNARD
  - a) « VITRAIL » DE GEORGES BRAQUE
  - b) « LA CROIX ET LE ROSAIRE », VITRAIL DE RAOUL UBAC
  - c) « CHEMIN DE CROIX », ARDOISE DE RAOUL UBAC
- 6 « SAINT-BERNARD » D'EUGÈNE DODEIGNE
- 7 « FONTAINE » DE POL BURY
- 8 CAFÉ DE LA FONDATION

☐ CLOÎTRE

- 9 HALL D'ENTRÉE
- 10 SALLE ALBERTO GIACOMETTI
- 11 SALLE WASSILI KANDINSKY
- 12 SALLE MARC CHAGALL
- 13 SALLE JOAN MIRÓ
  - a) VITRAIL DE JOAN MIRÓ
- 14 SALLE GEORGES BRAQUE
- 15 PATIO
  - a) « JEUNE FILLE S'ÉVADANT », BRONZE PEINT DE JOAN MIRÓ
- 16 « LES POISSONS », BASSIN EN MOSAÏQUE DE GEORGES BRAQUE

☐ COUR GIACOMETTI

- a) « L'HOMME QUI MARCHE I ET II », BRONZE PEINT
- b) « GRANDE TÊTE I », BRONZE PEINT
- c) «GRANDE FEMME DEBOUT », BRONZE PEINT

☐ AILE DE LA MAIRIE

- 17 LIBRAIRIE
- 18 SALLE DE LA MAIRIE
- 19 SOUS-SOL : SALLE DE PROJECTION
- 20 SECOND ÉTAGE : SECRÉTARIAT ET ARCHIVES
- 21 TROISIÈME ÉTAGE : TOIT-TERRASSE

▨ LABYRINTHE DE MIRÓ

- 22 « CERF-VOLANT »
- 23 « MUR DE LA FONDATION »
- 24 LA TOUR ET CÉRAMIQUES MURALES »
- 25 « LE LÉZARD »
- 26 BASSIN AVEC « GARGOUILLE »
- 27 « LE GRAND ARC »
- 28 BASSIN AVEC « L'ŒUF DE MAMMOUTH »
- 29 « LA DÉESSE », CÉRAMIQUE
- 30 « LE CADRAN SOLAIRE », CÉRAMIQUE
- 31 « LA FOURCHE », FER ET BRONZE
- 32 OISEAU SOLAIRE, MARBRE
- 33 BASSIN AVEC
  - a) « PERSONNAGE », TOTEM CÉRAMIQUE
  - b) FEMME À LA CHEVELURE DÉFAITE, MARBRE
- 34 OISEAU LUNAIRE, MARBRE
- 35 BASSIN AVEC « GARGOUILLE » ET DEUX « PERSONNAGES », CÉRAMIQUES

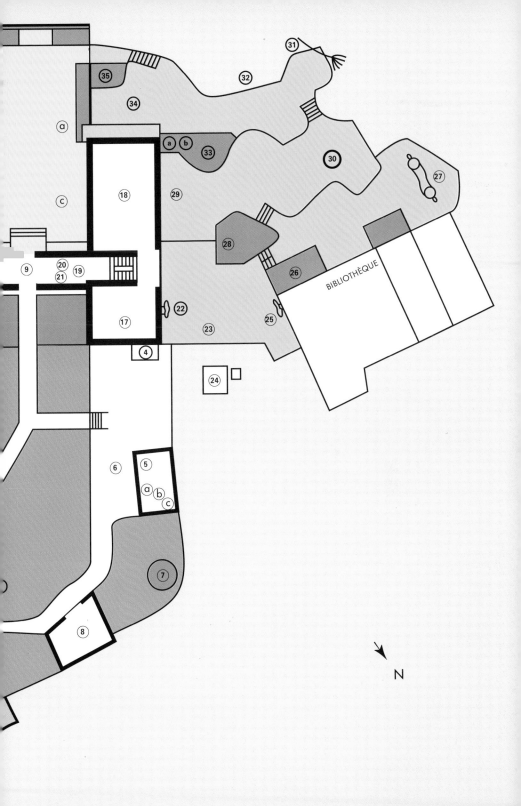

À *la Colombe d'or, en 1962,*
lors de la dernière visite de Braque à Saint-Paul,
Paule Maeght portant un bracelet de Calder,
*Charlie Chaplin, Jacques Prévert, Georges Braque et M*me *Braque.*

LA FONDATION MARGUERITE ET AIMÉ MAEGHT

CONSTRUCTION DE LA FONDATION

*Aimé Maeght, Josep Lluis Sert et Marguerite Maeght
définissant l'emplacement exact des bâtiments.*

38

Avant même qu'Aimé Maeght ait l'idée de créer une fondation, Saint-Paul est déjà un lieu élu par les artistes. Ils sont chez eux au Mas Bernard, dans la propriété de Marguerite — que ses amis surnomment désormais Guiguite — et d'Aimé Maeght comme chez Titine et Paul Roux, les propriétaires de l'auberge « La Colombe d'or ».

Braque vient passer tous les ans les mois de janvier et février ; il ne travaille pas vraiment, mais fait des dessins, des croquis, des esquisses. Joan Miró et sa famille séjournent également au Mas, en été, de sorte que trois générations de Maeght et de Miró se retrouvent. L'artiste profite de l'endroit pour réaliser lithographies et gravures. Jean Bazaine et Raoul Ubac font aussi partie des familiers. Des habitudes se prennent car les affinités sont réelles entre tous les artistes de la galerie qui aiment se retrouver. Très vite, également, les écrivains les rejoignent. René Char vient parfois, Pierre Reverdy régulièrement. Ils écriront là des textes de catalogues. Sartre, Paulhan et Prévert sont aussi reçus. Le sens de l'hospitalité de Marguerite et d'Aimé Maeght est tel qu'à Saint-Paul, artistes et écrivains se sentent chez eux.

Joan Miró dessinant sur une plaque de zinc.

39

Pour que le rêve devienne réalité, chacun devra participer à l'édification de la Fondation. Aimé Maeght accepte les idées les plus diverses, fixant comme unique limite la possibilité technique de les réaliser. Les artistes de la galerie Maeght de Paris seront associés au projet : Georges Braque, Marc Chagall, Joan Miró, Alberto Giacometti, Alexander Calder, Eduardo Chillida, Raoul Ubac, Pierre Tal-Coat, Josep Llorens Artigas...

Le premier coup de pioche est donné le 5 septembre 1960. La collaboration commencée à Cambridge (USA) se poursuit au fur et à mesure de la progression des travaux. Deux architectes cannois, Bellini et Lizero dirigent le chantier. Chaque fois que Sert et les artistes se retrouvent, naissent

Début des travaux à la Fondation.

de nouvelles discussions. Ces conversations se poursuivent sur le site même où se dessinent déjà les contours des bâtiments.

Au départ, trois tranches de travaux sont prévues, s'échelonnant sur une durée de dix ans. Elles se succéderont finalement sans interruption en un peu moins de quatre ans.

Dès que les espaces apparaissent clairement, le terrain déblayé, les fondations et les murs commencés laissent place à l'architecture méditerranéenne de Sert. Les déjeuners et les dîners se prolongent alors par des promenades autour du chantier. Les impératifs apparaissent plus nettement : il s'agit

Le chantier au milieu des arbres.

Construction de la Fondation

d'intégrer le bâtiment au site qui sera protégé autant que possible. Les plantes et les arbres déjà existants, en particulier les pins, le romarin, la lavande, appartiennent au lieu. Pour cela, il faut trouver l'échelle idéale. Tout le monde s'accorde à penser qu'un édifice à caractère monumental serait déplacé. Le but n'est pas de construire un musée traditionnel mais d'édifier, autre impératif, une galerie idéale permettant d'exposer des œuvres dans une lumière égale, claire, neutre et naturelle. Le choix de la lumière, un des principaux problèmes, impose une solution d'ordre architectural. En janvier 1960, Sert et ses élèves construisent à Harvard un bâtiment en contreplaqué, transformable et orientable pour étudier la répartition de la lumière. Le résultat est probant. Quelle que soit la hauteur du soleil, aux différentes heures du jour et au cours de l'année, les rayons lumineux réfléchis par le sol et les murs arrivent à quarante-cinq degrés sur les tableaux sans qu'aucun d'entre eux n'éblouisse le spectateur. Sert met ainsi au point un éclairage zénithal particulier qui sera utilisé dans chacune des salles de la Fondation [1].

Les impluviums coulés dans le béton surmontent la construction.

42

Les « *pièges à lumière* » *(vue extérieure et intérieure).*

La topographie joue un rôle fondamental dans la détermination du style et de l'aménagement des pièces, des cours et des jardins en terrasse construits plus tard. La pente et ses contours arrondis en dictent le mouvement et les orientations changeantes. Ainsi salles d'exposition, patios et jardins sont agencés selon différents niveaux de terrasses soutenues par des murets de pierre, le niveau du toit demeurant le même.

Au départ, Sert a prévu de faire construire les murs d'enceinte et de soutènement en béton brut de décoffrage. Quand il voit la brique et la pierre du pays, sur place, il décide de changer de matériaux. Sa préférence va à la pierre, extraite de la colline. La brique servira de relais entre la pierre et le béton dans l'élévation des murs. La fabrique locale de briques des Clausonnes retrouve ainsi un regain d'activité.

« La brique, ni claire ni sombre, explique l'architecte, d'un brun rosé mais varié par le feu, convient à la tranquillité des cours. Par ailleurs, employée en panneaux entre les piliers et les poutres de béton, elle maintient la réalité du mur, en donnant à sa surface, un corps à son élévation. »

Les trois cent mille briques de sable rose utilisées sont évidemment modelées à la main et cuites au four à bois selon la tradition locale. Elles ont eu pour modèles celles de la villa Hadriana de Tivoli près de Rome. Le béton utilisé pour le reste de l'édifice, recouvert d'un enduit blanc, pelliculaire, le cocoon, laisse apparaître le dessin des coffrages. Les deux impluviums surplombant le toit, réalisés selon des principes qui datent de la Haute-Antiquité, allègent la construction. Ils servent à collecter l'eau de pluie qui est ensuite dirigée vers les bassins. Aimé Maeght, insistant sur les difficultés d'approvisionnement en eau dans le monde méditerranéen, aimait rappeler qu'à l'origine de la Fondation se trouve une parole de Saint-Jean de la Croix : « Le perpétuel et son bruit de source. »

◀ *Aimé Maeght pendant les travaux de la Fondation, en 1963.*

45

La Fondation saisit ainsi le visiteur par la fraîcheur de son jardin d'entrée, plein des senteurs de la pinède, qui précède les deux grands bâtiments de briques claires enserrant la cour Giacometti. Les jardins en terrasses du labyrinthe de Miró, la mosaïque murale de Tal-Coat, la petite chapelle au chemin de croix d'Ubac renforcent ce sentiment de paix intérieure éprouvé au premier instant.

Le 28 juillet 1964, André Malraux recevait de la part des petites-filles de Marguerite et Aimé Maeght les clés de la Fondation. À l'issue du dîner, avant le récital que donnèrent Ella Fitzgerald et Yves Montand ce soir-là, le ministre prit la parole devant l'assemblée des invités :

« Si on ne savait trop bien, monsieur, ce que fut cette Fondation pour vous, on le reconnaîtrait depuis quelques minutes au son de votre voix. Il est évident qu'au nom de la France, je m'associe à tout ce que vous avez dit pour tous et pour chacun, et pour les morts d'abord et aussi pour les vivants. Mais je voudrais essayer de bien préciser au-delà de tous les services que vous avez rendus au pays par votre vie entière — car tout ceci est la fin d'une vie, non pas une sorte d'accident — je voudrais essayer de préciser en quoi ceci me paraît tout autre chose qu'une fondation et, si vous le permettez, en quoi cette soirée a peut-être un caractère historique (...) Madame, monsieur, vous venez de tenter ici, par le fait que vous avez tenté de résumer probablement la suite des amours d'une vie, par le fait que les peintres qui sont là se trouvent être tous, à quelque degré, ou bien des poètes ou bien des hommes qui expriment puissamment la poésie de notre temps, vous avez tenté de faire quelque chose qui n'est en aucune façon un palais, en aucune façon un lieu de décor et, disons-le tout de suite, parce que le malentendu va croître et embellir, en aucune façon un musée. Ceci n'est pas un musée.

Marguerite et Aimé Maeght,
le soir de l'inauguration de la Fondation. ▶

48

Le soir de l'inauguration, le 28 juillet 1964, Yoyo, Florence et Isabelle, entourées de leurs grands-parents, Marguerite et Aimé Maeght, remettent les clés de la Fondation à André Malraux.

Lorsque nous regardions tout à l'heure le morceau de jardin où sont les Miró, il se passait la même chose que lorsque nous regardions la salle où étaient les Chagall. Ces petites cornes que Miró réinvente avec leur incroyable puissance onirique sont en train de créer dans votre jardin avec la nature au sens des arbres, un rapport qui n'a jamais été créé.

Quand nous parlons de fondation, la plus célèbre fondation américaine, c'est-à-dire Barnes, si elle était ici, elle n'aurait aucun rapport avec ce que vous avez fait, elle serait en arrière de cinquante ans, car admirable comme elle est, elle est un musée. Mais, ici, est tenté, avec un résultat que nous n'avons pas à juger et qui appartient à la postérité, est tenté quelque chose qu'on n'a jamais tenté : créer l'univers, créer instinctivement et par l'amour l'univers dans lequel l'art moderne pourrait trouver à la fois sa place et cet arrière-monde qui s'est appelé jadis le surnaturel.

Après l'allocution d'Aimé Maeght, André Malraux prononce ▶
son discours d'inauguration ; à sa gauche, Marguerite Maeght.

52

Ceci est à peine fini et nous sommes sur le silence qui succède au dernier coup de marteau. Je pense à Shakespeare : "C'est par une nuit pareille, Jessica..." Bien. C'est par une nuit pareille qu'on écouta le silence qui succédait au dernier marteau qui avait fait le Parthénon, c'est par une nuit pareille que Michel-Ange écoutait les derniers marteaux qui construisaient Saint-Pierre.

Madame, monsieur, je lève mon verre à celui qui, plus tard, lorsque au lieu qui fut Paris s'inclineront les gens murmurants et penchés, ayant écrit "ici la peinture poussa entre les pavés" viendra ici et dira "ce rapport qui est maintenant notre rapport avec la vie et qui est né de la peinture, il est peut-être obscurément né cette nuit". Et lorsque ceci n'existera plus, alors l'homme auquel je lève mon verre fera une petite inscription "il s'est peut-être passé ici quelque chose de l'esprit". »

La Fondation Maeght devint ainsi en cette nuit d'été 1964 le premier lieu d'art contemporain consacré à l'art vivant.

(1) Voir chapitre *Visite*.

Eduardo Chillida, « Iru Ari », 1966-1969,
granit, 105 × 99 × 93 cm.

IV

VISITE DE LA FONDATION

Le Jardin d'entrée

Le seuil de la Fondation franchi, alors que nous sommes sur le chemin qui conduit au hall d'entrée du bâtiment, s'étend, de part et d'autre, une pinède. Le sol est planté de gazon jusqu'au mur d'enceinte couvert d'une mosaïque de Pierre Tal-Coat. Créée en 1964, de taille monumentale, 44 mètres de longueur sur 2,20 mètres de hauteur, elle se fond parmi le paysage, risquant presque d'être inaperçue, par l'utilisation de tesselles couleur de terre. Tal-Coat affectionnait les supports rigides, employant en peinture des planches de bois, des boîtes à cigares... la pierre était donc pour lui un matériau privilégié. Contrairement à ce qu'il pourrait sembler, le motif choisi par Tal-Coat n'est pas une composition abstraite. Parallèlement aux thèmes développés en peinture ou dans le dessin à la même époque, ce travail présente, inspiré de la préhistoire, des veines de silex, lignes de faille, ronds de sorcière... Ce travail d'après nature trouve ici un espace ouvert, où les choses, ni cadrées, ni mises au pli d'une perspective traditionnelle sont vues comme des phénomènes surgissant à l'image des peintures des grottes de Lascaux. Tal-Coat a su utiliser la porosité et les aspérités du mur pour créer une peinture de pierre dont le modèle souverain est certainement la mosaïque de Saint-Vital de Ravenne. Elle possède ainsi cette « indicible ondulation », dont parlait Tal-Coat, que lui confère le jeu des milliers de tesselles, captant différemment, selon leur taille, la lumière.

Devant le mur d'enceinte, au milieu de la pelouse se trouvent plusieurs sculptures — qui ne sont pas là à demeure et qui changent selon les accrochages — dont la *Statue pour un jardin* d'Ossip Zadkine, de 1958. D'origine russe, installé à Paris dès 1909, cet artiste a été l'un des plus fervents promoteurs, avec Laurens et Lipchitz, de la statuaire cubiste avant de concentrer son attention sur le mouvement du corps, remplaçant les reliefs par des creux. Par ces contrastes de pleins et vides, ces ruptures de plans réunis dans le bronze, Zadkine met en avant la valeur individuelle de chaque élément. Paradoxalement, la sculpture gagne en unité et en force, comme traversée d'un élan vertical.

Non loin de là, se dresse le *Pépin géant* de Jean Arp. Poète, peintre et sculpteur français, collaborateur du Blaue Reiter, membre éminent de Dada à Zurich, il réalise en 1917 ses premiers reliefs en bois qui s'accrochent au mur. Arp aborde la sculpture en ronde-bosse dès 1931. Refusant

◄ Jean Arp, « *Pépin géant* », *1937-1966, bronze poli, 162 × 127 × 77 cm.*

■

la ligne droite, ses *Concrétions humaines* posées cette fois à même le sol
évoquent, bien que non figuratives, les métamorphoses du corps. Il n'est
pourtant jamais question chez cet artiste de reproduire la nature mais bien
plutôt de « produire comme une plante qui produit un fruit ». Arp réalisa
à l'origine le *Pépin géant* en plâtre, qu'un praticien transposa en pierre —
il s'agit de l'exemplaire que possède le Musée National d'Art Moderne de
Paris. Ce n'est qu'à l'instigation de Peggy Guggenheim, en 1939, célèbre
marchande américaine, que les premières épreuves en bronze furent coulées.

À côté de l'œuvre d'Arp, une sculpture spatiale de Norbert Kricke,
Grosse Fliessende de 1965, déploie de fins tubes d'acier à la manière d'une
parabole. Posée à même le sol, de dimension monumentale, cette œuvre
a la faculté de capter l'énergie spatiale qu'elle matérialise en renonçant à
la masse d'un noyau central.

Vue du hall d'entrée de la Fondation
« *Les Renforts* » *d'Alexander Calder, 1965, stabile, 630 × 500 cm.*

■

*Alexander Calder, « Humptulips », 1965,
stabile-mobile, 250 × 110 × 90 cm.*

Visite de la Fondation

Face à elle, profondément ancrés à la terre, aussi noirs que cette sculpture est brillante, s'arc-boutent *Les Renforts* d'Alexander Calder. Ces sculptures de tôle peinte apparaissent vers 1937 et prennent le nom de « stabiles », selon une proposition de Jean Arp et en réaction aux « mobiles ». Les « mobiles », plus anciens, sont un agencement de tiges métalliques et de tôles, découpées, colorées (fleurs, feuilles, triangles...) suspendues au plafond. Légers et aériens, ils renvoient aux forces vives du monde, l'air, l'eau, tandis que les « stabiles », constructions d'acier posées sur le sol, évoquent la gravité terrestre. Ces deux principes seront bientôt mêlés dans une variante, le « stabile-mobile », dont la Fondation expose un exemplaire, *Humptulips*, placé dans le hall d'entrée, qui, bien que reposant sur un pied, ne balance pas moins au vent ses plaques de métal colorées.

En contrebas de la librairie, on trouve une œuvre de Barbara Hepworth, *Walnut* (Figure) de 1964. Artiste britannique, elle partage avec Henry Moore ce souci de la masse sculpturale en la perçant, la creusant. Après avoir pratiqué la taille directe en Italie pendant ses années d'apprentissage, puis une sculpture abstraite et géométrique, elle revient, passionnée d'art roman, au bronze et à la référence humaine dans ses dernières années.

Non loin, est posée *Iru Ari* (Trois Pierres), une sculpture en granit de 1966-1969 réalisée par l'artiste basque Eduardo Chillida et constituée de trois pierres assemblées. Les volumes de ce cube s'enchevêtrent et s'imbriquent, creusés de couloirs. Cette œuvre semble répondre à une autre, antérieure, réalisée en fer, *Iru Burni* (Trois Fers), appartenant à la Hastings Foundation de New York.

Sur la droite du jardin d'entrée, après avoir emprunté l'escalier qui conduit à la chapelle, se trouve sur le mur de la Fondation une immense mosaïque de Marc Chagall, *Les Amoureux*, de 1964-1965. Chagall réalisa également, spécialement conçue pour la Fondation, une grande toile, *La Vie* de 1964. En fait, dès 1950, il n'a cessé de penser aux grands formats. *La Vie* est une somme de son univers pictural, où l'on retrouve la maternité, l'amour, la religion, la musique, le soleil, la ville... Dans chacune de ses œuvres, Chagall figure des « prodiges », un violoniste au visage vert, des acrobates marchant sur les mains, une danseuse sur un fil, un couple de mariés géants et leur enfant nu, flottant au-dessus de la ville, des amoureux s'élevant dans le ciel portés par le miracle de l'amour... Marc Chagall tient peut-être cette familiarité avec l'extraordinaire du souvenir de l'ensei-

◄ *La librairie de la Fondation*
et la mosaïque de Chagall, « Les Amoureux », 1964-1967.

67

Georges Braque, « Vitrail », 192 × 142 cm.

La chapelle Saint-Bernard.

gnement hassidique dont, enfant, il a bénéficié. Il ne se soucie pas des règles de composition, des brusques changements d'échelle. Il mêle le merveilleux au quotidien, ayant pour unique souci l'accord de son œuvre avec la nature : « Plantez un tableau dans la nature parmi les arbres, les arbustes, les fleurs. Le tableau doit tenir. Il ne doit pas être la fausse note. Il doit s'accorder, prolonger la nature. S'accorder, aussi inventé, illogique qu'il paraisse. »

On arrive ensuite près de la chapelle sur le mur de laquelle est accrochée une céramique de Fernand Léger datant de 1953. Devant, est installé le *Saint-Bernard* d'Eugène Dodeigne datant de 1968. Forme humaine à peine ébauchée, l'artiste a dégagé le haut du corps par masses simplifiées en une attitude de prière et de recueillement.

À l'intérieur de la petite chapelle, s'aligne sur les murs blanchis le *Chemin de croix* de Raoul Ubac. Quatorze stations autour du thème de la Passion du Christ dont chacune signifie un moment depuis la condamnation jusqu'à la mise au tombeau — le visage du Christ n'y est jamais

Raoul Ubac, « *Chemin de croix* » :
a) Station III, 1962, ardoise, 33 × 24 cm,
« Jésus tombe sous le poids de la croix ».
b) Station VI, 1963, ardoise, 31,5 × 25 cm,
« Une femme pieuse essuie la face de Jésus-Christ ».

72

visible. Le *Chemin de croix* est réalisé en ardoise, pierre rêche, constituée d'un nombre infini de feuilles superposées que l'artiste a taillées en biseau, le clivage assignant au matériau les limites au-delà desquelles il se refuse à adopter certaines formes. La taille directe ne va pas jusqu'à détacher complètement de la masse la figure qui en est issue et qui ne cesse de lui appartenir. Raoul Ubac est un sculpteur de bas-relief, la forme n'est pas dessinée à la surface de l'ardoise, mais naît d'elle et en elle. En cours d'exécution, Ubac a découvert les couleurs insoupçonnées de l'ardoise, du gris rose au bleu noir. Il a abordé ici l'art sacré, acceptant une contrainte iconographique majeure codifiée par un rituel millénaire.

« L'art religieux ne peut être abordé de la même manière que l'art profane... N'oublions pas qu'un chemin de croix est un appel direct à la prière qu'il s'agissait de traduire par une image symbolique immédiatement transmissible et non pas par un signe lié trop intimement à l'artiste. C'est seulement dans l'exécution que pouvait résider, selon moi, mon apport original [1]. »

c) Station X, 1963, ardoise, 30 × 25 cm,
« Jésus est dépouillé de ses vêtements ».
d) Station XIII, 1963, ardoise, 30 × 25 cm,
« Jésus est déposé de la croix et remis à sa mère ».

73

Au-dessus de l'autel se trouve un Christ espagnol du XIIe siècle offert par le couturier Balenciaga. La chapelle est éclairée de vitraux, un *Oiseau* de Georges Braque de 1962, un de ses merveilleux oiseaux clairs sur fond violet évoquant la souffrance pascale. « Il y a longtemps que les oiseaux et l'espace me préoccupaient. C'est en 1929 que ce motif m'est apparu pour une illustration d'Hésiode. En 1910, j'avais peint des oiseaux, mais ils étaient incorporés dans des natures mortes tandis que dans mes dernières choses, j'ai été très hanté par l'espace et le mouvement [2]. » Ailes déployées et pourtant immobile, l'oiseau, traversant ce vitrail haut de deux mètres annonce le thème de la résurrection, une fusion du matériel et du spirituel, une ouverture sur l'infini. Le second vitrail est de Raoul Ubac, *La Croix et le Rosaire* (1967). Il est composé de trois parties, mêlant le rouge, le bleu et le brun qui rappellent les vives couleurs des vitraux médiévaux.

Face à la porte d'entrée de la petite chapelle de la Fondation Maeght est accroché le tympan de l'église Saint-Vincent de Digne, du XIIe siècle.

Plus loin se trouve la fontaine de Pol Bury. Cet artiste a trouvé son langage personnel dans l'utilisation de mécanismes. Ses œuvres, cylindres, cubes, boules en acier, en cuivre, colonnes et fontaines... mues par des moteurs électriques ou par des forces magnétiques, explorent la notion de mouvement. La première de ses fontaines hydrauliques a été construite et mise au point en 1976. La seconde fit sensation à la FIAC de Paris l'année suivante. Cette œuvre, de 1978, est composée de tubes articulés et mobiles en acier inoxydable. Une petite pompe invisible assure la montée de l'eau au centre de la structure métallique. L'eau, en descendant, remplit lentement chaque tube jusqu'à provoquer un mouvement de bascule, brusque et imprévisible, et la chute de l'eau dans la vasque de la fontaine. Le tube ainsi allégé remonte et regagne sa position première jusqu'à ce que l'eau l'emplisse et l'incline de nouveau. Dans un cliquetis léger qui se mêle au murmure de l'eau, les multiples bras de la fontaine se meuvent selon le vent et la poussée du liquide. Il existe de semblables sculptures au Guggenheim Museum de New York, au Centre Culturel de la Communauté Française en Belgique, au Musée de l'Automobile de Mougins...

Pol Bury, « Fontaine », 1978, acier inoxydable, ▶
230 × 410 × 270 cm.

Le Labyrinthe de Miró

Josep Llorens Artigas et Joan Miró se sont connus très tôt, en 1919, à l'Agrupació Courbet fondé par Artigas lui-même. Originaires tous deux de Barcelone, nés à une année d'intervalle, respectivement 1892 et 1893, ces jeunes artistes se retrouvent en 1923 à Paris où Miró vient d'arriver. Artigas lui prête son atelier, rue Blomet, à quelques mètres de celui d'André Masson. Leur collaboration céramique est plus tardive, datant de 1942. Cette année-là, une exposition du potier donne l'idée et le désir au peintre d'un travail en commun. Deux ans passent encore avant la mise en exécution du projet dont Artigas se méfie. Miró se rend régulièrement à l'atelier de son ami, installé de nouveau à Barcelone. Ne connaissant rien du métier, Miró suit scrupuleusement ses instructions. De 1944 à 1946, leur collaboration s'établit, Miró travaille prudemment, avec méthode, réalisant des études préparatoires et des maquettes. Les exigences de l'artiste ne sont satisfaites que sept ans plus tard. En 1951, Artigas achète une vieille ferme, « El Raco » située dans le village de Gallifa, au nord-ouest de Barcelone. Artigas y construit un four plus grand et mieux adapté que l'ancien, baptisé Nikosthène en hommage au potier grec du IVe siècle avant notre ère. Dès 1952, Miró rejoint Artigas. Ensemble, ils mettent au point leur technique. En 1953, ils sont fins prêts à émailler, enfourner et cuire. Enfin, le 25 février 1954, commencent les premières étapes. Deux cent trente-quatre pièces de poterie subissent de façon satisfaisante les épreuves. Une exposition importante en 1956 révèle au public parisien cette féconde collaboration.

Puis, à l'occasion d'un voyage au Japon, Josep Llorens Artigas, toujours soucieux de perfection, ramène de ce pays, dont la tradition céramiste est une des plus brillantes et des plus anciennes, le modèle d'un four dit « coréen » qu'utilisent les potiers japonais. Ce four est inséparable des « Terres nouvelles » auxquelles appartiennent les sculptures céramiques de la Fondation.

« Situé sous un appentis, à l'extérieur de la vieille maison, son aspect est plus singulier et plus suggestif que celui de l'autre qui se trouve dans un atelier intérieur. Dépourvu de la haute cheminée que dressent habituellement vers le ciel les foyers des céramistes, pourvu en récompense d'une sorte de ventre percé de trous, le four coréen, sous son toit qui abrita peut-être un troupeau de jadis ressemble à une grosse bête inconnue, femelle

◄ Le *Labyrinthe* de Joan Miró : « *L'Oiseau de la Tour* », *1968,
fer forgé, 130 × 128 × 128 cm,
trois plaques murales, 1963, céramique,
en bas, « Le Mur de la Fondation », 1968, céramique, 1240 × 200 cm.*

assurément par le sexe et prête à mettre bas des pontes ou des portées avec une largesse inépuisable. Son caractère est maternel comme celui de la nature ou plus précisément de la terre, dans la plupart des mythologies primitives[3].»

Toutes ces « Terres nouvelles » n'ont rien à voir avec une céramique artisanale ou décorative et possèdent une force comparable à l'art maintenant enfoui des anciens peuples de la Méditerranée, à l'inspiration des potiers de l'Extrême-Orient. Les sculptures du labyrinthe sont de cette veine.

« Masques à la vie, masques de femme et de mère, représentation du principe féminin de la nature et de la masculinité fécondante, hommages à la confusion des espèces et à la naissance des hybrides, ces grands objets de

Joan Miró, « Le Lézard », 1963, céramique, hauteur : 270 cm.

terre émaillée ne pourraient trouver plus convenable site que dans le voisi-
nage des plantes vertes, des fleurs épanouies, des eaux jaillissantes, sous
le soleil méditerranéen qui mêle et fond les couleurs comme le fait l'ardeur
du four [4]. »

Joan Miró, « Gargouille », 1968, céramique, 95 × 85 × 25 cm.

Ces céramiques monumentales, qui composent, avec quelques bronzes, ce jardin ont pour la plupart été réalisées entre 1962 et 1963 dans le four « coréen » d'Artigas. Elles ont été présentées une première fois à la galerie Maeght en 1963. Nombre de ces œuvres ont un caractère monumental ; cette ambition se dévoile précisément dans ces années-là, jusqu'à créer un univers Miró.

« J'ai travaillé dans un esprit monumental en songeant à une incorporation possible à l'architecture [5]. »

Nul projet n'a trouvé une réalisation plus parfaite qu'ici. Miró, pour mener à bien son labyrinthe, a placé au préalable des maquettes en contreplaqué grandeur nature de ses sculptures sur les terrasses non terminées. Il tenait à s'assurer par là même que l'emplacement choisi était le bon,

Joan Miró a placé des maquettes en contreplaqué, grandeur nature, de ses sculptures sur les terrasses non terminées du Labyrinthe. On aperçoit au premier plan la « Déesse », au loin le « Grand Arc ».

82

vérifiant que chaque sculpture s'harmonise avec les autres et avec le tout. « Nous changeons, nous échangeons, en pleine liberté, disait-il. On fait, on défait, on refait. Il y a des grands maîtres qui viennent dans un endroit, qui déposent leur chef-d'œuvre comme on jette une pierre dans une mare, et fini. Moi, je travaille comme un type quelconque. Sert et Artigas sont de vieux amis, c'est essentiel. »

En partant de la salle de la Mairie, la première œuvre rencontrée sur la droite est un immense mur de céramique, de douze mètres sur deux. Il a été réalisé selon le modèle de celui de l'université d'Harvard (USA) de 1960 et compte 468 plaques réfractaires de mêmes dimensions jointes comme un carrelage. Ce mur, érigé en plein air, a été préparé en Espagne, à Gallifa, puis transporté et posé à la Fondation en 1968.

« Les signes de la grande céramique murale ne sont pas particulièrement agressifs. Il y a un personnage aux yeux très saillants, pareil à un

*« Le Grand Arc », réalisé en béton, a été ensuite gravé
au marteau piqueur par Miró que l'on aperçoit en bas, à droite.*

83

insecte aux longues antennes et des yeux épars çà et là contemplant le visiteur du Labyrinthe [6]. »

Les couleurs douces de cette composition « *all-over* » prennent appui sur un fond gris qu'ignore Miró pendant l'exécution du travail. L'artiste inscrit son œuvre sur les plaques, avant que les émaux disposés à leur surface par Artigas aient subi une première cuisson. Au moyen d'un bout de bois ou de tout autre instrument pointu, il écorche la terne couche d'émail et procède à une ébauche sommaire. Cette trace est ensuite reprise à la brosse avec un émail noir. Miró éclabousse ou porte un large trait à son œuvre. Les plaques de grès sont ensuite cuites à grand feu (1250 à 1350 degrés), révélant à leur sortie les formes noires et le fond. Il ne reste plus à Miró qu'à placer les couleurs cuites à petit feu (900 degrés), cette fois, afin de

Joan Miró, « La Déesse », 1963, céramique, 157 × 115 cm,
et « L'Œuf de mammouth », 1963, céramique, 180 × 135 cm.

◄ « La Fourche », 1963, fer et bronze, 507 × 455 × 9 cm,
et « Le Cadran solaire », 1973, diamètre : 310 cm.

préserver leur vivacité. À gauche, sur le mur de la bibliothèque se trouve *Le Lézard*. « Il grimpe comme s'il allait voler, braquant un peu son visage vers nous, un visage qu'il porte sur le ventre [7]. » Cette œuvre a été désignée par ses auteurs, alors qu'ils y travaillaient sous le titre de *Figure de femme*. Sa surface, également irrégulière, présente des empreintes de doigts, les doigts de Miró. Ce lézard a presque l'apparence d'une larve humaine,

Joan Miró, « *Femme à la chevelure défaite* », 1968,
marbre blanc, 210 × 50 × 90 cm.

87

son visage rond, scrutateur est pareil à un masque rituel. Dans une version antérieure, l'œuvre avait également porté le nom de *Figure with Arms up*. Lézard, femme ou figure, n'est-il pas prêt à prendre l'envol ? Pour José Pierre, critique d'art, ce lézard a la position du guetteur avec une apparence de candeur lunaire et veille sur cette oasis beaucoup plus que l'*Oiseau de la tour* qui n'est qu'un coq.

Derrière cette céramique murale s'élève une tour dans le mur de laquelle sont encastrées trois plaques en céramique de forme arrondie. Celle du haut est noire avec l'étoile de Miró tracée en sgraffite, celle du milieu est blanche et porte un dessin complexe formé en partie de courbes tandis que la plus basse est rouge avec en son centre une sorte de croix noire et un cercle. En haut de la tour se trouve une sculpture en fer forgé d'un mètre trente de haut, l'*Oiseau de la tour*, de 1968, dont il existe une maquette préparatoire de petite taille, réalisée en terre cuite.

Joan Miró, « *L'Oiseau solaire* », *1968,*
marbre de Carrare, 158 × 240 × 137 cm.

Nous passons ensuite devant une première gargouille de céramique à grosses lèvres vertes, datant de 1968 pour rejoindre *Le Grand Arc* de 1963. « Huit fois cherché en terre cuite dans tout l'arc-en-ciel des gris, des roses, des bleus et des bruns pour se figer finalement dans la pâleur du ciment », nous rappelle José Pierre [8].

Sur les maquettes visibles à la Fondation, on voit un visage répété en divers endroits qui n'apparaîtra pas dans la version définitive. *Le Grand Arc* s'élève, majestueux, telle une porte qui ne conduit nulle part. Arrivé à ses pieds, il nous faut rebrousser chemin. Descendant quelques marches,

*Joan Miró, à gauche, « Personnage » (totem), 1968,
céramique et fer, 550 × 80 cm,
au centre, « L'Oiseau lunaire », 1968,
marbre de Carrare, 300 × 260 × 120 cm.*

nous arrivons près du bassin au milieu duquel se trouve un œuf couleur de plomb d'un gris métallique, patiné peu à peu par le temps et recouvert de quelques traces d'émail noir. Face à lui, la *Déesse* règne depuis 1963 avec un prestige inégalé sur ce jardin. Cette forme trouve son point de départ dans une terre cuite de la première époque.

« Elle est une énorme femelle peinte aux couleurs de la nuit et du sang, pansue et mamelue de partout, douée d'une étrange sorte de sexe qui est une carapace de tortue marine enfoncée dans la terre dont elle est faite [9]. »

Cette langue d'argent posée sur cette béance, fait de cette sculpture qui se dresse avec majesté une déesse de la fécondité « maîtresse des sols et des récoltes et par le four qu'elle ouvre maîtresse des pots [10]. »

Au pied de la *Fourche*, coulée en bronze et fer (1963) — Miró nous laisse toujours deviner l'objet qui a pu servir de base à sa sculpture —, se trouve le *Cadran solaire* (1973) réalisé en céramique. Plus à droite se trouve le second bassin dans lequel, posé sur un socle à l'allure de caillou

Le dernier bassin avec « Gargouille » de 1964,
céramique, 90 × 40 × 50 cm,
et « Personnage », céramique, 1968, 90 × 30 cm.

90

se reflète une sculpture, *Femme à la chevelure défaite* (1968). Le marbre blanc, de forme allongée, est incisé de traits curvilignes et de trous. Fixé au mur de briques, le *Personnage* (1968), visage de céramique brune, juché sur un haut support de fer, figure sans corps ni bras, surplombe, sphinx impénétrable, le labyrinthe. Face à lui, deux marbres de Carrare, l'*Oiseau solaire* et l'*Oiseau lunaire* (1968), à l'origine fondus dans le bronze puis reportés dans le marbre. Tous deux ont une taille imposante. L'*Oiseau lunaire* est reconnaissable par l'arche qui lui sert de pieds, ses ailes courtes tournées vers le ciel et son énorme tête plantée de cornes. Nul oiseau ne donne plus l'impression de pesanteur que celui-ci. L'*Oiseau solaire*, posé sur un socle de pierre oscille entre la forme d'un mammifère marin et celle d'un migrateur. Mais peu importe, ils font partie d'un univers extraordinaire où leur insolite mutation n'étonne personne.

Le dernier bassin compte trois fontaines dont une seule — à la forme de pièces mécaniques — crache de l'eau. Elle est fixée au mur de pierre, à côté de deux masques de théâtre antique en céramique, l'un vert, avec une tête de reptile, l'autre bleu avec une tête ronde de chouette. En descendant quelques marches, nous parvenons à la cour Giacometti.

La Cour Giacometti

La tension entre les trois façades du bâtiment et le vaste espace offert à la vue par le côté sud s'accorde au regard que savent requérir les statues de Giacometti : les œuvres présentées ici appartiennent aux années cinquante, c'est-à-dire à ce moment où Giacometti est assuré de la justesse de ce qu'il vise dans son travail et définitivement incertain de parvenir à réaliser cette vue. Si Giacometti est un artiste internationalement reconnu au moment de la construction de la Fondation, l'existence de cette cour est aussi le témoignage de l'intérêt précoce porté par Aimé Maeght à son travail. C'est dans sa galerie qu'en 1951 Giacometti peut à nouveau avoir une exposition personnelle après la guerre. Dès 1947, Aimé Maeght lui avait acheté des sculptures *(L'Homme au doigt, Le Nez, Tête sur tige)*. De cet intérêt soutenu témoigne aussi le nombre important d'œuvres appartenant à la Fondation : 35 sculptures et 30 dessins.

De cette importante collection, quelques œuvres répondant à un projet unique constituent le cœur de ce qui est présenté dans la cour. En 1958, la Chase Manhattan Bank demande à Giacometti une version monumentale des *Trois Hommes qui marchent* (1948), destinée à la place située devant son immeuble. Giacometti réalise trois figures de dix centimètres : une tête,

91

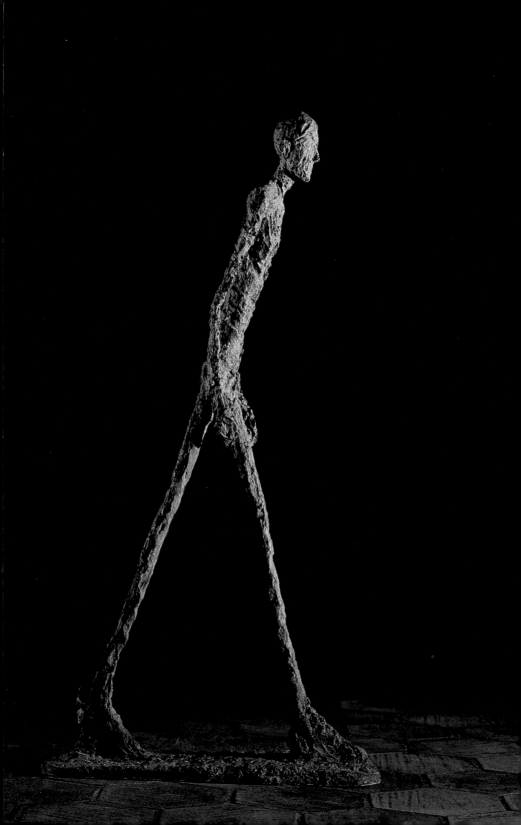

une femme debout et un homme qui marche. Il prévoit de donner à l'*Homme qui marche* une hauteur normale, mais de réserver à la *Tête* et à la *Femme* des dimensions excédant le modèle.

Le projet de réaliser cette commande sera abandonné, pour partie, en raison du peu d'empressement de Giacometti, mais les statues seront exécutées, et même présentées ensemble lors de la Biennale de Venise de 1962. L'histoire de ce projet montre à la fois l'originelle proximité des œuvres — spécialement recouvertes pour le lieu d'une patine ocre par Giacometti — et leur refus à devenir les éléments d'un tout. La forte présence éprouvée dans cette cour est peut-être la conscience de cette tension.

L'homme qui marche est un thème important de la sculpture. Giacometti a longtemps regardé l'interprétation qu'en a faite Rodin. On trouve déjà ce thème dans la statuaire égyptienne, où il sert à distinguer les figures masculines des figures féminines, elles immobiles. Très étrangement, Giacometti retrouve ce partage lorsqu'il constate : « Je me suis rendu compte que je ne peux toujours représenter une femme qu'immobile et l'homme en train de marcher. » L'*Homme qui marche* de Giacometti lie l'horizontalité du socle à la verticalité, soulignée par l'effet de minceur du marcheur. À leur jonction, les deux masses compactes sont autant la terre que les pieds de l'homme. C'est que Giacometti cherche ici à saisir l'unité du sol et de l'homme. On ne sent pas un homme pesant sur la terre qui lui offrirait la résistance propice à un déplacement. Giacometti restitue ici ce qui l'a saisi, en 1945, sur le boulevard du Montparnasse : « L'homme qui marche dans la rue ne pèse rien, beaucoup moins en tout cas que le même homme évanoui. Il tient en équilibre sur ses jambes. On ne sent pas son poids. » La représentation scientifique du mouvement d'un marcheur — force de la pesanteur contre force de cohésion — paraît ici bien pauvre. Étrangement, les *Grandes Femmes Debout* ne s'opposent pas à l'*Homme qui marche* comme la fixité au mouvement. On retrouve ici cette masse compacte à la jonction de la figure et du socle qui donne l'impression que la figure émerge de la terre. Elle se dresse littéralement face à nous, et c'est pourquoi Giacometti souligne dans le titre l'importance de la posture : « debout ». Ces femmes, hautes de 270 centimètres appartiennent à une série de quatre, qui constitue la dernière série que Giacometti consacra au nu féminin. Ces figures sont les plus hautes jamais réalisées et surprennent lorsqu'on les rapproche de celles réalisées quinze ans plus tôt qui, selon les termes de Giacometti, seraient entrées dans une boîte d'allumettes. Pourtant dans un cas comme dans l'autre, le travail ne se calque pas sur une échelle préalablement déterminée... Il n'y a aucune recherche de miniature ou de monumentalité. C'est la vision que Giacometti cherche à réaliser qui impose, à sa propre surprise, la dimension de l'œuvre.

◀ *Alberto Giacometti, « L'Homme qui marche I », 1960, bronze, 182,5 × 26,5 × 96,5 cm, situé dans la cour Giacometti.*

93

◄ *Aimé Maeght et Diego Giacometti, devant « Grande Tête I »
d'Alberto Giacometti, 1960, bronze, 94,5 × 30,1 × 36,5 cm.*

Dans ses autres compositions où il assemble des statues — *La Place, La
Forêt* — Giacometti a déjà placé une tête à côté de figures en pied. *La Grande
Tête I*, dont le modèle est Diego, frère de l'artiste, est aussi inspirée de la tête
de l'empereur Constantin du musée du Capitole à Rome, que Giacometti avait
copiée un an auparavant. La présence singulière de cette tête dans ce groupe
peut s'expliquer par le fait qu'elle présente aussi un mouvement. Par les trois
étages qui soutiennent la tête, c'est insensiblement que la figure concentrée
autour du regard apparaît sans qu'à aucun de ces niveaux, on puisse savoir
s'il s'agit encore du socle ou déjà du corps, de la gorge ou du cou. C'est cette
émergence du corps rassemblée dans celle du regard que Giacometti repren-
dra par la suite jusqu'à l'admirable et ultime buste d'Élie Lotar.

*Été 1964, réunis sur les marches de l'escalier de la cour Giacometti,
de gauche à droite, et de haut en bas :
Jacques Dupin, Aimé Maeght, Alberto Giacometti,
Marguerite Maeght, Violette Artigas, Louis-Gabriel Clayeux,
Eduardo Chillida, Pilar Miró, Marguerite Benhoura, Adrien Maeght,
Joan Miró, Christine Dupin, Pablo Palazuelo, Daniel Lelong,
Muncha Sert, Josep Lluis Sert, Josep Llorens Artigas, Pili Chillida,
Xavière Tal-Coat, Pierrette Tal-Coat et Pierre Tal-Coat.*

95

L'Intérieur

Le parti adopté par Josep Lluis Sert, quant au plan du bâtiment de la Fondation est à la fois simple — il reprend l'organisation centripète de la maison méditerranéenne fermée sur l'extérieur et ouverte autour d'un patio central — et savamment étudié. Côté jardin, le hall d'entrée, rectangulaire, précédé de deux bassins, qui reçoivent en leur milieu surélevé des sculptures, est en fait un espace vitré que ferme un claustra, marquant ainsi doucement le passage de l'extérieur à l'intérieur. Les portes ont reçu des poignées en bronze créées par Diego Giacometti.

À la gauche du vestibule se trouvent les salles d'exposition distribuées autour du patio au milieu duquel se trouve *Jeune Fille s'évadant* de Miró (1968) — on identifie facilement les objets qui servirent de base à cette œuvre, un robinet, la partie inférieure d'un mannequin en plastique unifiés dans le bronze peint — et le bassin en mosaïque de Braque, *Les Poissons* (1962).

Le hall d'entrée de la Fondation qui ouvre, au fond, sur le patio.

96

Joan Miró, « Jeune fille s'évadant », 1968,
bronze peint, 135 × 60 × 40 cm.

La salle Georges Braque durant l'exposition Miró de 1984.

Les salles aux murs blanchis, sans fenêtres, au sol rustique sont entre-coupées d'ouvertures en des points stratégiques, créant un rapport intime entre intérieur et extérieur, tout en reposant le visiteur. Ces ouvertures donnent sur la mer, le bois, le patio ou le bassin de Braque. Les cinq salles de cette aile, chacune consacrée à un artiste portent leur nom, salles Alberto Giacometti, Wassili Kandinsky, Marc Chagall, Joan Miró et Georges Braque. Elles diffèrent par leur taille et leur hauteur sous plafond. Les murs aveugles, libérant un espace maximal, permettent un accrochage idéal des tableaux, la lumière venant du toit. Le résultat a été obtenu par la structure et la disposition de demi-voûtes vitrées coiffant le toit, qui, de par leurs différentes positions, captent et diffusent la lumière solaire à l'intérieur, le cocoon recouvrant les toits, améliorant l'effet. L'agencement des vasistas zénithaux varie avec chaque salle, créant ainsi une lumière pour chacune d'elles.

L'isothermie et la constance hygrométrique sont assurées en grande partie par le mode de construction — Sert a fait monter des murs à deux parois de briques pleines, séparées par un vide d'égale épaisseur. Pour une bonne conservation des œuvres, la température est maintenue à dix-neuf degrés, excepté en été où elle s'établit à sept degrés en dessous de la tempé-

98

rature ambiante pour ne pas créer un trop grand contraste avec l'extérieur. L'humidité est, elle, maintenue entre quarante-cinq et cinquante-cinq degrés hygrométriques.

De retour dans le hall d'entrée, après avoir parcouru les différentes salles séparées par de petits escaliers intérieurs, se trouve à gauche la cour Giacometti et, en face, une autre aile du bâtiment qui comprend trois niveaux. Au sous-sol est situé le cinéma d'art et d'essai qui fonctionne tous les jours pendant l'été et trois jours par semaine pendant le reste de l'année, au premier étage, la librairie d'art qui diffuse les catalogues de la Fondation, ainsi que des estampes originales, des affiches et des cartes postales. En face de celle-ci, est aménagée la dernière des pièces d'exposition : la vaste Salle de la Mairie, baptisée ainsi parce que, conçue de façon plus classique, elle peut servir de salle de réunion. Un demi-étage, plus haut se trouve l'accès au Labyrinthe de Miró. Au second, se situent le secrétariat et le siège de la société des Amis de la Fondation ; au troisième, le toit-terrasse.

« Les Poissons », bassin en mosaïque de Georges Braque, 1962.

99

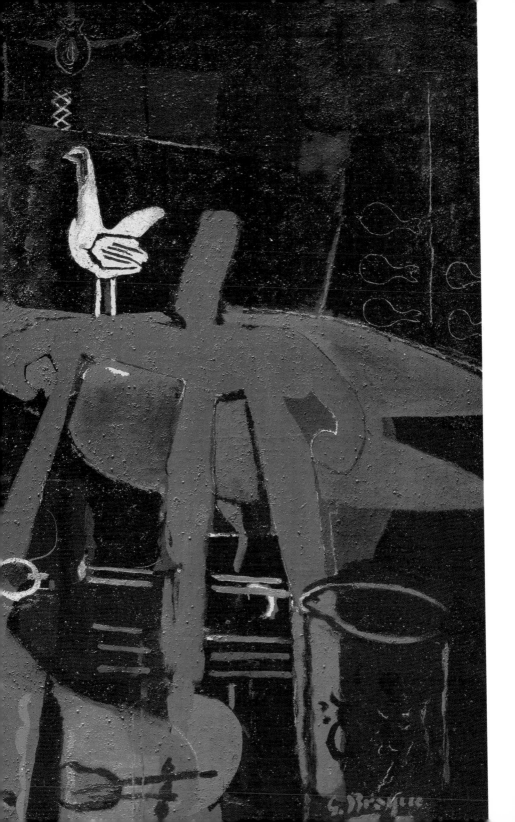

◀ *Georges Braque, « Atelier VI », 1950-1951,
huile sur toile, 130 × 162,5 cm.*

Aimé et Marguerite Maeght avaient demandé à Josep Lluis Sert en 1962 de construire une maison appelée maison des Artistes ou du Directeur. C'est là qu'est désormais installée la bibliothèque de la Fondation, près du Labyrinthe de Miró. Accessible au public, son fonds, riche de 16 000 ouvrages sur l'art contemporain (dont 15 000 en édition originale) a été constitué à partir de la donation commune d'Aimé et Adrien Maeght, de la bibliothèque personnelle de Marguerite et Aimé Maeght ainsi que d'achats grâce à la société des Amis. Adrien Maeght poursuit cette œuvre en offrant à la bibliothèque, au fur et à mesure de leur parution, un exemplaire des gravures et ouvrages de bibliophilie qu'il édite. Elle représente ainsi une des plus belles collections privées de bibliophilie contemporaine constituée de livres illustrés de lithographies et d'eaux-fortes originales tirés à peu d'exemplaires, numérotés et signés, souvent annotés et dédicacés par leurs auteurs. Il est également possible d'y consulter les principales revues d'art ainsi que les catalogues des principaux musées du monde entier avec lesquels la Fondation entretient des relations privilégiées.

La salle de la Mairie.

102

Le café de la Fondation.
Les chaises, tabourets, tables et lampes
sont des œuvres de Diego Giacometti.

———————————————————————————————■———————————————————————————————

Le café de la Fondation se situe dans le jardin, près de l'entrée. Les chaises, tables, tabourets et lampes s'y trouvant ont été réalisés en bronze par Diego Giacometti.

1. *Raoul Ubac*, collection monographies, Maeght éditeur, Paris, 1970.
2. Jean Leymarie, *L'Oiseau et son nid*, in *Quadrum*, volume V, 1958.
3. André-Pieyre de Mandiargues, *Derrière Le Miroir* n° 139/140, Paris, 1963.
4. André-Pieyre de Mandiargues, *Derrière Le Miroir* n° 139/140, Paris, 1963.
5. Rosamond Bernier, « Miró céramiste » in *L'Œil*, n° 17, mai 1956, Paris.
6. Jose Corredor-Mattheos, *Miró et Artigas céramiques*, Maeght éditeur, Paris, 1973.
7. José Corredor-Mattheos, *Miró et Artigas céramiques*, Maeght éditeur, Paris, 1973.
8. José Pierre, *Miró et Artigas céramiques*, Maeght éditeur, Paris, 1973.
9. André-Pieyre de Mandiargues, *Derrière Le Miroir* n° 139/140, Paris, 1963.
10. José Pierre, *Miró et Artigas céramiques*, Paris, Maeght éditeur, Paris, 1973.

Bram Van Velde, « *Composition* », *1959-1960,*
huile sur toile, 130 × 192 cm.

LA FONDATION MARGUERITE ET AIMÉ MAEGHT

EXPOSITIONS DE LA FONDATION

André Malraux et Aimé Maeght,
lors de l'exposition du « Musée imaginaire ».

La Fondation organise chaque année plusieurs expositions de caractère international qui constituent un important panorama de l'art contemporain. Elles peuvent prendre la forme d'une rétrospective d'un artiste majeur ou être consacrées à un écrivain et à ses rapports avec l'art. Au début, la Fondation montrait essentiellement les artistes défendus par Aimé Maeght, simplement parce que ces artistes ont joué un rôle décisif à ce moment-là. Par la suite, les expositions ont fait une large place, comme le montre la liste placée en fin de chapitre, à des artistes extérieurs. Les accrochages y changent selon les expositions et les saisons. Les expositions d'hiver et de printemps ont l'avantage de présenter des travaux très récents. Les manifestations d'été, quant à elles, ont pour thème des artistes ou des mouvements fondamentaux de l'histoire de l'art de la fin du XIXᵉ siècle et du XXᵉ siècle. La Fondation prêtant très souvent des œuvres de son importante collection, peut, en retour, emprunter des œuvres à différents musées, galeries, collections ou ateliers d'artistes.

Certaines expositions ont laissé un souvenir particulier à tous ceux qui ont participé à leur mise en œuvre ainsi qu'aux visiteurs.

Telle fut l'exposition du *Musée imaginaire d'André Malraux*. Le nom d'André Malraux est attaché à la Fondation qu'il a inaugurée. Mais il l'est plus encore par la possibilité qui lui a été offerte à l'été 1973 de donner à la Fondation l'allure de ce *Musée imaginaire* qu'il n'avait pu, depuis 1947, présenter que par l'écriture. Les 100 000 visiteurs de l'exposition purent découvrir plus de 800 pièces offrant un vaste panorama de l'art de quatre millénaires et des cinq continents, dont le choix avait été fait selon un principe formulé par Malraux : « Je ne veux que des chefs-d'œuvre. »

L'exposition était pourtant tout autre chose qu'une simple preuve de l'érudition et de l'éclectisme de Malraux. Elle obéissait à des préoccupations constantes. Selon Malraux, notre époque — et son art en témoigne — ne se laisse plus penser selon les mêmes principes que les époques antérieures. Elle est caractérisée par deux traits : elle se veut mondiale dans l'espace et le temps et demeure ignorante des valeurs qui la constituent. L'homme moderne — l'artiste n'y échappe pas — se sent contraint à connaître ce qui l'entoure et l'histoire passée, mais il ne parvient pas à reconnaître ce qui est au centre de sa propre existence. C'est cette dualité qui animait l'exposition du *Musée imaginaire*. Avec elle, Malraux appartenait à son époque en partageant son souci prospectif et récapitulatif, mais à

107

travers elle, il cherchait à déceler ces principes fondamentaux, présents sans être aperçus, et qu'il appelait le Trésor de ce *Musée imaginaire*.

Dès le discours inaugural de la Fondation en 1964, Malraux avait présenté ce constat :

« Mais aujourd'hui nous savons ce que c'est que notre peinture, mais nous ne savons pas quel est le monde qui est derrière elle. Ce n'est certainement plus le surnaturel des cryptes et des religions, ce n'est certainement tout de même pas le luxe. »

Cette exposition était une tentative : ce rassemblement conforme à ce que réclame l'époque permettra-t-il de faire apparaître quelque chose à propos de cette époque ? Aussi Malraux insistait-il pour que l'on ne se contente pas d'appréhender la seule parenté formelle des œuvres exposées.

« *Double Protomé* », *Talish, IIe millénaire avant J.-C.*
Hauteur : 8 cm

« Il devient clair que le *Musée imaginaire* ne se réduira pas à la parenté de ses formes... les visiteurs de l'exposition de la Fondation Maeght vont se trouver en face de rencontres ou de choix d'un homme né au début de notre siècle. Je crois que chacun y découvrira, qu'il le veuille ou non, son propre Trésor... Je crois qu'il y pressentira une valeur inconnue, celle qui aura suscité ce Trésor... Je crois enfin qu'il en va de même du Musée imaginaire tout entier : il forme son Trésor, nous ne faisons que le découvrir. C'est pourquoi je ne puis voir dans ce musée une aventure grandiose et insensée... Et peut-être révélera-t-il à nos successeurs les valeurs qui rassemblent ces œuvres... Car nous les ignorons autant que les autres valeurs qui animent notre civilisation, la première qui se veuille héritière de tout le passé de la terre, et la première qui ignore ses valeurs suprêmes, valeurs que ni vous, ni moi ne confondons avec celles dont elle se réclame si mal [1]. »

L'exposition elle-même était double : elle comprenait 633 pièces — photographies, manuscrits, livres, et lettres — liées à la biographie de Malraux et 178 œuvres d'art. Parmi elles, une large place était faite au Moyen-Orient et à l'Orient. Babylone, Égypte, Afghanistan, Pakistan, Inde, Tibet, peuple Khmer, Chine, Japon étaient représentés par 70 pièces. Parmi elles un tableau japonais du XIIe siècle *Taira no Shigemori* de Takanobu, si fragile que le temple Jingaji de Kyoto ne l'expose que douze jours par an, une *Maternité* hittite, un *Double Protomé* oriental, *La Déesse de la fertilité* du musée de Damas, datant du XXe siècle avant Jésus-Christ qui n'était jusque-là jamais sortie de Syrie, le fameux intendant *Ebih-il* de Mari.... L'art océanien était représenté par 10 pièces venant des îles Marquises, de Nouvelle-Guinée, des Nouvelles-Hébrides et de l'île de Pâques. L'art précolombien (10 pièces) et l'art africain (13 pièces) étaient aussi présents. Mis à part les œuvres préhistoriques, les vestiges gaulois et les statues grecques et médiévales, c'est surtout par la peinture que l'Europe était présente : Titien, Gréco, Poussin, Rubens, Georges de la Tour, Vélasquez, Chardin, Fragonard, Delacroix, Goya, Corot, Van Gogh, Braque, Picasso, Masson, Kandinsky, Chagall, Rouault, Fautrier, Miró et Dubuffet. Tous ces artistes ont inspiré des textes à Malraux, certains même lui doivent une part importante de leur reconnaissance publique.

Avec *Bonnard dans sa lumière*, la Fondation a rendu hommage, au cours de l'été 1975, à celui que Matisse appelait « le plus grand de tous ». Cette exposition n'était pas une simple rétrospective de son travail — encore qu'elle ait présenté quelques-unes des 600 toiles du maître disparu en 1947,

109

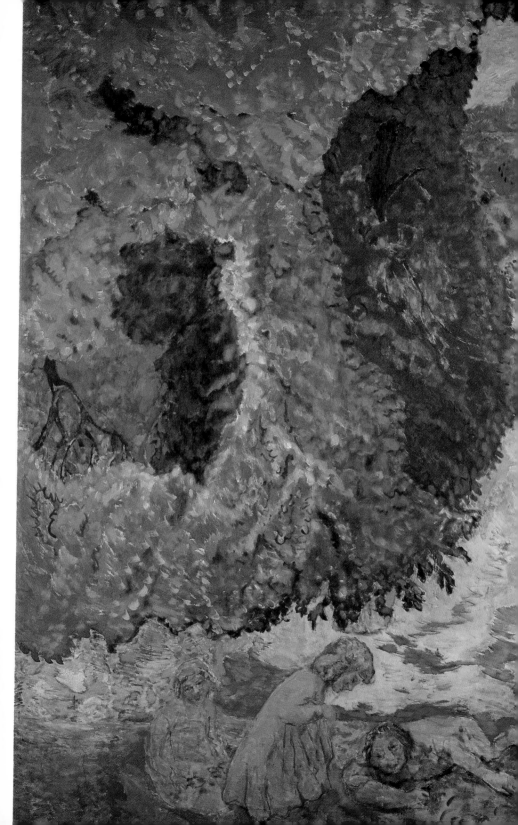

toiles séquestrées pendant vingt ans, pour cause de succession, et qui n'avaient jusque-là jamais été montrées au public — mais un hommage sincère d'Aimé Maeght à celui qui l'avait introduit dans le monde de l'art. L'amitié qui liait les deux hommes était forte, Bonnard confiait à ce propos à Thadée Natanson : « Si j'avais dû avoir un fils, c'est comme cela que je l'aurais voulu. »

En effet, l'une des chances d'Aimé Maeght fut de rencontrer à Cannes, pendant la guerre, à la fois deux génies du livre, qui furent aussi deux des plus grands peintres du moment, Matisse — qui inaugura la galerie Maeght de Paris en 1945 et à qui la Fondation consacrait une exposition particulière en 1969 — et Bonnard.

« Aujourd'hui alors que les peintres perdent souvent la peinture de vue, il était peut-être temps de consacrer à Bonnard, le plus pur, le plus vrai des peintres modernes, une seconde exposition », déclara alors Aimé Maeght. Sa première exposition était celle de décembre 1946, *Le Noir est une couleur*, qui vit naître le premier numéro de *Derrière Le Miroir* et à laquelle participaient également Matisse, Braque, Rouault...

La carrière d'Aimé Maeght est inséparable de celle de Pierre Bonnard, c'est pourquoi cette rétrospective revêtait un caractère particulier. Le titre de l'exposition était tiré d'une phrase prononcée par Bonnard, six mois avant sa mort, telle que la rapporte Jean Leymarie : « La veille de mon départ, en août 1946, Bonnard vint à Cannes, nous marchâmes en silence le long de la baie et à l'instant de me quitter, comme le soleil se couchait dans sa gloire, derrière l'Esterel, et que la mer eut son frémissement du soir, il s'écria : "Jamais la lumière n'a été aussi belle." » Il allait avoir quatre-vingts ans et c'était comme s'il voyait pour la première fois cette lumière de Cannes qui lui était si familière. À cette occasion, étaient présentées des toiles de jeunesse comme *Femme à la robe à pois blancs* de 1891 ou *Le Nu couché* de 1898. À cette époque, Bonnard expose au Salon des indépendants et forme un groupe, les Nabis — prophètes de Dieu —, avec Vuillard, Maurice Denis, Valloton, Maillol, Sérusier, Ranson. Sa première

112

exposition personnelle a lieu en 1896 à la galerie Durand-Ruel. « Nul ne note plus fermement, relatait dans sa chronique Gustave Geoffroy, l'aspect de la rue, les silhouettes passantes, la tache colorée vue à travers la brume parisienne, la grâce frêle de la fillette. » Ses amis l'avaient surnommé le « Nabi très japonard » pour son goût de certains motifs décoratifs, ses vues plongeantes et ses perspectives imprévues. Étaient également présents des tableaux qui n'avaient jamais été vus en France, comme *Le Train* et *les Chalands* de 1909, *Le Matin de Paris, Le Soir de Paris* de 1911 qui montraient son engagement pour une peinture colorée. L'immense œuvre *L'Été*, don de Marguerite et Aimé Maeght à la Fondation, était exposée, symbole du choc du Midi reçu chez Manguin, ami de Matisse et de Marquet à Saint-Tropez : « J'ai eu un coup des Mille et Une Nuits. La mer, les murs jaunes, les reflets aussi colorés que les lumières. »

De cette époque datent aussi les premiers nus à la toilette. Bonnard privilégie les effets de lumière sur les corps de ses baigneuses, le scintillement d'un rebord de baignoire, le reflet d'un carreau de céramique. Les

Michel Guy, Ministre de la Culture, et Aimé Maeght,
lors de l'exposition « Bonnard, dans sa lumière », en 1975.

113

■

compositions de ses toiles *Nu à la lampe* (1910), puis *Nu à la baignoire* (1931), *Nu au miroir* (1931), *Nu accroupi* (1941) ne sont pas sans rappeler celles des *Nymphéas* de Monet — dont il a été d'ailleurs le voisin. Tout comme Monet, à Giverny, a cessé un jour de regarder son jardin selon une perspective classique — comme si, appuyé à la rambarde du petit pont japonais, il avait penché la tête au-dessus de l'eau, et vu, en cette attitude renversée les *Nymphéas*, Bonnard a laissé de côté un cadrage traditionnel du tableau. Pour peindre, il tendait d'ailleurs sur les murs de son atelier de grandes surfaces de toile — plus vastes que le tableau final — qu'il découpait seulement après avoir terminé sa peinture. « ...Les nus iridescents de Bonnard, livrés à leur oubli végétal, éclosent et flottent parfois comme des nénuphars. Entièrement étrangers à la norme néo-classique, dévastatrice de la beauté, ils renvoient par-delà Venise, aux sources hellénistiques [2]. »

Bonnard parvient ainsi au fondu de la lumière, au nuancement des tons chauds et froids et à la trame interne — une armature complexe — d'une architecture inhérente au tableau. Il organise ses compositions selon différentes perspectives, d'une manière afocale et centrifuge, comme dans *Paysage au Cannet* (1928), *Les Toits rouges* (1941), *Portrait de l'artiste* (1945) présentés ici. Le miracle de sa peinture — paysage, scène d'intérieur ou autoportrait — est de parvenir, comme il disait, à ce qu'un tableau « soit une suite de taches qui se lient entre elles et finissent par former l'objet, le morceau sur lequel l'œil se promène sans accroc. »

Ces 83 tableaux, venus pour quelques-uns de la Phillips Collection de Washington, du Guggenheim Museum de New York, du musée de l'Ermitage de Saint-Pétersbourg ou bien de l'ancienne collection Hahnloser de Suisse, 62 dessins, des livres illustrés, témoignaient de cette réussite.

En 1978 avait lieu une rétrospective de l'œuvre d'Alberto Giacometti. La Fondation qui abrite une des deux plus riches collections de cet artiste était le lieu prédestiné pour une telle manifestation qui comprenait 116 sculptures parmi lesquelles les œuvres cubistes, surréalistes du début mais aussi les *Quatre Femmes sur socle* (1950), les *Femmes de Venise* (1956), *Diego au chandail* (1954), une dizaine de plâtres inédits, 68 peintures comme les

115

◀ Alberto Giacometti observant « *Les Femmes de Venise* », *1956,*
placées dans la cour de la Fondation.

Julio Gonzales, « *Personnage debout* », *1932-1935,*
fer, 128 × 60 × 40 cm.

portraits de *Marguerite Maeght* (1961), *Annette* (1960), *Yanaihara* (1960), 120 dessins et une sélection d'eaux-fortes, lithographies et livres illustrés, soit plus de trois cents œuvres au total.

Parmi les expositions majeures figure également *La Sculpture du XXᵉ siècle, 1900-1945 — Traditions et ruptures*, qui eut lieu de juillet à octobre 1981. Cette exposition fut la dernière inaugurée par Aimé Maeght et tenait pour point de départ de la sculpture moderne l'œuvre d'Auguste Rodin (1840-1917) dont la carrière commençait par deux scandales et culminait par une affaire : le refus de la part du Salon d'exposer en 1860 le *Masque de l'homme au nez cassé* — une terre cuite qui, à l'origine, s'était fendue en deux —, puis l'accusation de surmoulage émanant du journal *L'Étoile belge* pour *L'Âge d'airain* en janvier 1877 et enfin le tollé que souleva le monument commémoratif à Balzac commandé par la Société des Gens de Lettres. Rodin rendit en effet un plâtre à l'aspect déchiqueté : un Balzac en aube donnant un sentiment de masse qui va se mettre en mouvement.

L'exposition montrait ensuite autour de 1900, parallèlement à l'immédiate postérité de Rodin, le développement progressif d'un archaïsme de facture faisant référence à l'archaïsme grec. Bourdelle introduit, ainsi que le montrait la *Pénélope* (1909) qui figurait dans cette exposition, un modèle différent de celui de Rodin, à l'aspect trapu proche de la Grèce du IVᵉ siècle avant Jésus-Christ, au drapé rigide et symétrique, masquant le corps.

Les œuvres de Maillol présentées, *Ile de France* (1925), *Marie* (1931) marquaient le début d'une sculpture s'appuyant sur deux courants antagonistes — dont l'un se cristallise dans l'œuvre de Rodin et l'autre dans la question primitiviste. Maillol privilégie les effets de volume et de construction, pratiquant la taille directe du bois sans aucun effet d'habileté, jouant sur le rapport entre la brutalité du matériau, la rusticité de l'exécution et le motif gauguinien.

Des artistes comme Picasso prennent connaissance de la sculpture de Gauguin chez Vollard et au Salon d'automne de 1906. Le clivage Gauguin contre Rodin et Cézanne — le plat primitif contre le construit de Rodin et la touche de Cézanne — a influencé Matisse, Picasso et Derain. Si l'on relève une forme classique dans les premières œuvres de Matisse, (*Le Serf* 1900-1903) et de Picasso (*Le Fou*, 1905), l'on constate ensuite un intérêt pour la taille directe, éventuellement le passage du bronze au bois. Matisse réalise

119

les quatre *Nus* dont deux, *Nu II* (1913) et *Nu IV* (1930) étaient exposés. Picasso privilégie un art géométrique et synthétique en évoluant progressivement vers un primitivisme africain que Gauguin, initiateur de cet exotisme, ne possédait pas. Brancusi résume bien cette histoire du primitivisme. Rétif à l'enseignement de Rodin, il s'oriente vers une sculpture de pierre aux volumes simplifiés. Ses têtes ovales, *La Princesse X* (1916), *Mademoiselle Pogany III* (1933) à mi-chemin du portrait et du fétiche, ont une parenté formelle avec la sculpture africaine et celle de Gauguin. Brancusi passe de l'anatomie à l'allusif. Son primitivisme rejoint un primordial. L'artiste régresse à une forme essentielle (l'œuf) et remonte à un art du premier moment.

De 1912 à 1913, la totalité de la recherche chez Picasso se concentre sur la peinture, le dessin et les papiers collés. Pourtant il est le seul au terme du cubisme pictural à faire renaître un cubisme sculptural qui n'a rien à voir avec sa sculpture précédente. Il développe le papier collé en trois dimensions pour parvenir au collage construit dans l'espace. *Le Verre d'absinthe* (1914) dont il existe plusieurs versions marque le caractère prédateur de Picasso qui récupère et métamorphose — la polychromie est inhérente à ce bricolage — de simples objets. Picasso est attentif au caractère physique et réaliste de l'objet jusqu'à le transgresser. Gargallo et Gonzalès se sont servis de l'apport du cubisme pour exécuter des sculptures de métal constituées de copeaux de cuivre tordus en pratiquant le contre-relief. Gonzalès met également au point ses sculptures d'assemblage en fer soudé à l'autogène.

L'histoire opère un tournant radical avec Marcel Duchamp et ses *readymade* (*Roue de bicyclette,* 1913, *Porte-Bouteille,* 1914) où l'objet devient un repère décisif pour la sculpture qui se trouve désacralisée.

La mécanisation fait ensuite son apparition. Boccioni préconise l'utilisation de toutes sortes de matériaux, bois, papier, verre, métal appliquant sa théorie du dynamisme plastique.

La Fondation donnait une large place à des artistes comme Gabo, Pevsner, Tatlin, Moholy-Nagy, Kobro, Steinberg, Rodtchenko qui emploient les matériaux les plus modernes de l'époque, plastique, fer, acier, verre,

◀ *Alexander Calder, « L'Haltérophile », 1930-1944,
bronze, hauteur : 21 cm.*

dans des constructions spatiales au caractère géométrique. La sculpture s'aère, la transparence apparaît ainsi que le mouvement dans les *Hängende Konstruktion* de Rodtchenko, *Construction linéaire* de Gabo. L'emploi de ces nouveaux matériaux opère de nouveau un bouleversement radical dans une tradition établie depuis la plus haute Antiquité tout comme le fait, d'une autre manière, le surréalisme avec des œuvres trouvant leur origine dans l'imaginaire et l'inconscient. Miró, Ernst et Giacometti participent à ce mouvement charnière des années vingt.

Calder réintroduit le mouvement dans la sculpture. « L'art de Calder est la sublimation d'un arbre dans le vent », écrit Duchamp, qui donnera le titre de *mobiles* à ses constructions mues par l'air.

Joan Miró, « Nord-Sud », 1917,
huile sur toile, 62 × 70 cm.

122

Arp utilise des figures insolites et symboliques, découpant ses premiers reliefs de bois, puis exécutant en plâtre ce qu'il nommait les *Concrétions humaines,* sculptures en ronde-bosse posées au sol (*Le Torse* 1931, *Pépin géant* 1937).

« Cependant, concluait Jean-Louis Prat, directeur de la Fondation, vers les années trente, Matisse, Laurens, Lipchitz, Marini, Zadkine, Picasso reviennent à une certaine tradition, le bronze retrouve ses droits, les œuvres annoncent une nouvelle tendance, un nouvel équilibre qui ne seront vraiment effectifs qu'après la guerre en 1945. La sculpture fera ainsi, de nouveau, l'objet de commandes, trouvant sa place dans l'environnement et l'architecture. »

La Fondation a également saisi à plusieurs reprises l'occasion de rendre hommage à Joan Miró, l'un des artistes à l'origine de cette entreprise. D'importantes expositions lui ont été consacrées en 1968, 1973, 1979 et la dernière en 1990 avec l'œuvre peint qui n'avait pas encore fait l'objet d'une présentation complète. Pour la première fois, en effet, des collectionneurs et des musées du monde entier avaient accepté de confier, le temps d'une rétrospective, des œuvres qui, jusqu'à présent, n'avaient jamais été montrées en France, ni même, pour certaines d'entre elles au public. Au total, 120 œuvres, peintures, gouaches, dessins ont été exposés comme *Nord-Sud, La Ferme, Carnaval d'Arlequin, Intérieur hollandais, Une étoile caresse le sein d'une négresse...*

1. André Malraux, « Lettre à Roger Caillois », in catalogue *Le Musée imaginaire d'André Malraux,* Maeght éditeur, Paris, 1973.
2. Jean Leymarie, *Bonnard dans sa lumière,* collection Archives, Maeght éditeur, Paris, 1978.

123

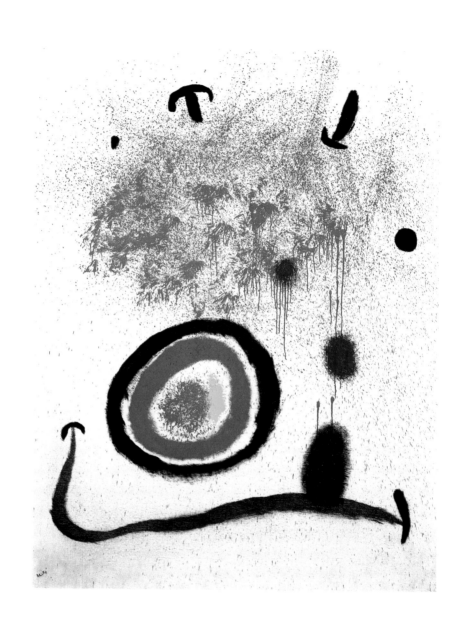

Joan Miró, « Naissance du jour I », 1964,
huile sur toile, 146 × 113,5 cm.

Liste des expositions organisées par la Fondation Maeght

1964 « Inauguration de la Fondation Maeght » * . . . . 28 juillet

1966 « Dix ans d'art vivant 1945-1955 » * . . . . avril-mai
« Wassili Kandinsky », rétrospective * . . . . juillet-septembre

1967 « Dix ans d'art vivant 1955-1965 » * . . . . mai-juillet
« Hommage à Marc Chagall », rétrospective * . . août-septembre

1968 « Art vivant 1965-1968 » * . . . . avril-juin
« Joan Miró », rétrospective * . . . . juillet-septembre
« Simon Hantaï » * . . . . décembre-janvier

1969 « Alexander Calder », rétrospective * . . . . avril-mai
« Peintres-illustrateurs, livres illustrés modernes
depuis Manet » * . . . . juin-juillet
« À la rencontre d'Henri Matisse »,
rétrospective * . . . . juillet-septembre

1970 « À la rencontre de Pierre Reverdy » * . . . . mars-avril
« L'Art vivant aux États-Unis » * . . . . juillet-septembre
« Jean-Paul Riopelle, grands formats » . . . . décembre-janvier

1971 « René Char » * . . . . avril-mai
« Une école, une fondation » . . . . juin
« Hans Hartung, grands formats » * . . . . juin-juillet
« Hommage à Georges Rouault » * . . . . juillet-septembre
« Paul Rebeyrolle » * . . . . décembre-janvier

1972 « Lars Fredrikson » * . . . . février-mars
« Titina Maselli » * . . . . mars
« Donation Gonzalez » * . . . . juin-juillet
« Nicolas de Staël », rétrospective * . . . . juillet-septembre
« Maeght éditeur » * . . . . décembre-janvier

1973 « Jean-Claude Farhi » * . . . . février-mars
« Louis Le Brocquy » * . . . . mars-avril
« Joan Miró, sculptures et céramiques » * . . . . avril-juin
« Le Musée imaginaire d'André Malraux » * . . juillet-septembre
« Bram Van Velde », rétrospective * . . . . décembre-janvier

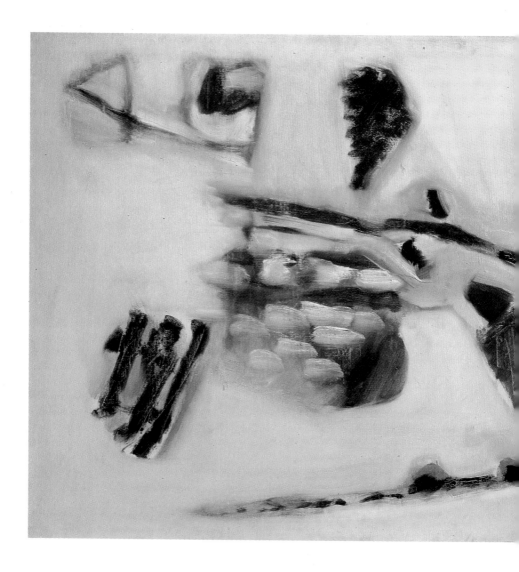

◀ *Pierre Tal-Coat, « Grand Tracé II », 1955,*
huile sur toile, 96 × 200 cm.

■

1974 « Claude Garache » * .... février-mars
« Pol Bury, 25 tonnes de colonnes » * .... mars-mai
« Zoltan Kemeny », rétrospective * .... mars-mai
« Xᵉ anniversaire
de la Fondation Maeght » *, ... juillet-septembre

1975 « L'Art graphique à la Fondation Maeght » * ..... janvier-mars
« Bonnard dans sa lumière », rétrospective * .. juillet-septembre
« Louis Gosselin » * .... décembre-janvier
« Jean-Luc et Titi Parant » * .... décembre-janvier

1976 « Daily Bul and Co » * .... février-mars
« Henri Michaux », rétrospective * .... avril-juin
« Antoni Tàpies », rétrospective * .... juillet-septembre
« Hommage à Gonzalez » * .... décembre-janvier

1977 « Jean-Michel Meurice » * .... janvier-février
« Jacques Monory - Opéras glacés » * .... janvier-février
« Marc Chagall. Livres. Gravures originales
pour Aragon et Malraux » * .... avril-mai
« Jean Messagier » * .... juin-juillet
« Paul Klee », rétrospective * .... juillet-septembre

1978 « Raoul Ubac, rétrospective » * .... mars-mai
« Alberto Giacometti », rétrospective * ...... juillet-septembre
« Georges Braque - Œuvre graphique » * ..... décembre-février

1979 « Saül Steinberg », rétrospective * .... mars-avril
« Richard Lindner », rétrospective * .... mai-juin
« Joan Miró, peintures, dessins,
sculptures 1956-1979 » * .... juillet-septembre
« Bernard Moninot » * .... décembre-janvier

1980 « Dessins de la Fondation Maeght » * .... mars-mai
« Georges Braque », rétrospective * .... juillet-octobre

1981 « Hommage à Pablo Picasso » .... avril-juin
« Sculpture du XXᵉ siècle : 1900-1945 » * .... juillet-octobre

128

*Henri Matisse, « Le Buisson », 1951,
encre de Chine sur papier, 149 × 151 cm.*

129

1984 « Hommage à Joan Miró, peintures,
sculptures, dessins » * .... mars-mai
« Robert Rauschenberg, œuvres récentes » * .... mai-juin
« Marc Chagall, rétrospective
de l'œuvre peint » * .... juillet-octobre

1985 « FRAC, Provence-Alpes-Côte-d'azur,
deux ans d'acquisitions » * .... février-mars
« Piet Mondrian » * .... mars-mai
« Christo - Surrounded Islands », dessins,
plans, photos, maquettes * .... mai-juin
« Jean Dubuffet », rétrospective * .... juillet-octobre

1986 « Peintres-illustrateurs du XXe siècle, Aimé Maeght bibliophile »,
200 éditions originales * .... mars-mai
« Jasper Johns : l'œuvre graphique,
100 œuvres de 1960 à 1985 » * .... mai-juin
« Un musée éphémère, collections privées
françaises, 1945-1985 » * .... juillet-octobre

1987 « Jean Bazaine » * .... mars-avril
« Domenico Gnoli », rétrospective * .... mai-juin
« À la rencontre de Jacques Prévert » * .... juillet-octobre

1988 « Cabinet des dessins de la Fondation Maeght » * .... mars-mai
« Le Peintre et l'affiche : de Lautrec à Warhol » * .... mai-juin
« Fernand Léger », rétrospective * .... juillet-octobre

1989 « Arts de l'Afrique noire,
collection Barbier-Mueller » * .... mars-mai
« L'Œuvre ultime : de Cézanne à Dubuffet » * .. juillet-octobre

1990 « Un musée - une fondation, collection du musée
d'Art moderne de Saint-Étienne » * .... février-avril
« Jean-Paul Riopelle. D'hier et d'aujourd'hui » * .... avril-juin
« Joan Miró : rétrospective
de l'œuvre peint » * .... juillet-octobre

1991 « Cabinet des dessins de la Fondation Maeght » .... février-juin
« Nicolas de Staël », rétrospective * .... juillet-septembre

1992 « Art millénaire des Amériques,
collection Barbier-Mueller » * .... avril-juin
« L'Art en mouvement » * .... juillet-octobre

130   * *Un catalogue a été édité à l'occasion de cette exposition.*

LES NUITS DE LA FONDATION

nuits de la fondation maeght

saint-paul (a.m.)

exposition de musique contemporaine

trois concerts:	4 août 21h30	5 août 21h30	7 août 21h30
	quatuor parrenin **francis pierre,** harpiste	**yuji takahashi,** pianiste	**geneviève roblot,** soprano
	œuvres de **berg, debussy, maderna miroglio** (1ère audition) **strawinsky**	œuvres de **schönberg, cage takemitsu** (1ère audition) **boulez, messiaen takahashi** (1ère audition) **xenakis**	**ensemble instrumental de musique contemporaine de paris** direction : **konstantin simonovitch** œuvres de **varese, webern, philippot, kotonski guézec, stockhausen**

prix des places : 30, 20, 15 et 5 f _ abonnement aux 3 concerts : réduction de 10%

| location : **fondation maeght** **saint-paul** 32 81 63 | **guglielmi, piano** 8 rue lépante **nice** 85 16 24 | **delrieu,** disques 45 av de la victoire **nice** 88 61 96 | **syndicat d'initiative** 13 place masséna **nice** 85 25 22 | **radio phonola** 42 bld desmoulins **monte-carlo** 30 65 26 | **pathé-marconi** 5 bis pl du général de gaulle **antibes** 34 02 56 | **delbouis,** disques 50 bld de la république **cannes** 38 44 59 |

Ouverte à toutes les formes d'art contemporain, la Fondation Maeght, a également accueilli la musique.

Les Nuits de la Fondation Maeght ont eu lieu de 1965 à 1970, chaque année, en juillet et août, dans la cour Giacometti. La direction artistique en fut confiée au compositeur Francis Miroglio qui rencontra Aimé Maeght grâce à Alexander Calder.

En mars 1965, Francis Miroglio créait pour les Ballets de l'Opéra de Marseille la musique d'*Eppur si muove* du chorégraphe Joseph Lazzini et demandait à Calder de réaliser les maquettes de deux stabiles et d'un mobile. À la fin des représentations, l'artiste parla à Francis Miroglio de la Fondation Maeght, inaugurée l'été précédent, et lui suggéra de visiter l'endroit.

« J'ai vu, j'ai été ébloui, mais j'ai aussi entendu, avec le bruit de la bise dans les pins, les spécificités acoustiques de la cour Giacometti. Et immédiatement, la pensée s'imposait : c'est un lieu idéal pour entendre et faire écouter la musique d'aujourd'hui [1]. »

De retour à Paris, les amitiés de Calder et de Jean Laude facilitèrent sa première rencontre avec Aimé Maeght auquel il exposa son projet.

« Vous allez au-devant de mon désir d'introduire la musique à la Fondation mais je crois que c'est encore trop tôt après son inauguration. Revenez me voir », fut la première réponse du marchand.

Lorsqu'un mois plus tard, les deux hommes se revirent, Aimé Maeght émit encore quelques réserves : « Trop de choses sont encore à réaliser dans la Fondation avant d'y faire de la musique, mais nous en reparlerons certainement. »

Convaincu de la réussite de l'entreprise, Francis Miroglio établit cependant trois programmes de concert minutés et chiffrés, comprenant quelques premières auditions et les présenta à Aimé Maeght dès le lendemain matin.

En quelques minutes, ce dernier prit connaissance de la proposition, posa quelques questions pratiques, réfléchit, puis déclara : « Programmes excellents. On y va ! La meilleure période à Saint-Paul, c'est fin juillet - début août. On va demander à Miró la couverture du programme. »

◀ J*oan Miró, affiche originale des Nuits de la Fondation Maeght, 1965, lithographie, 88,5 × 55,5 cm.*

133

Le mois de mai touchait à sa fin, l'entreprise était risquée, mais l'enthousiasme et la détermination d'Aimé Maeght l'emportèrent. Pour son premier anniversaire, en juillet 1965, la Fondation Maeght accueillit la musique contemporaine.

Dans un article publié après la mort d'Aimé Maeght dans *La Quinzaine littéraire*, en octobre 1981, Francis Miroglio se souvient : « Les soirées proposaient, avec quelques œuvres musicales référentielles du XXᵉ siècle dont les interprétations frayèrent souvent un accès novateur ou introduisirent une lecture renouvelée, la création de nombreuses partitions écrites par les plus importants compositeurs de notre temps. Ces premières mondiales, dont les exécutions minutieusement travaillées contribuèrent à la réputation du festival, nacquirent au milieu d'un public dont la réceptivité était affinée par l'atmosphère du musée, la vision des peintures, le lent balancement des mobiles, l'ombre pastellisée des sculptures sur les terrasses. (...) Les arts de la parole, poésie et théâtre, trouvèrent dans ce cadre, lieu à lire, place à dire, scène où dialoguer (...) L'essentielle composante de cette ouverture suscitée par l'ambiance des Nuits fut toutefois la moins spectaculaire, la partie invisible pour le public. Parmi les pins de la colline, assis sur les murets ou sous la surveillance d'un ménate mélomane, des compositeurs conversent avec des peintres, discutent avec des sculpteurs, des poètes sortent de leur obsession blanche, des chorégraphes s'expliquent devant des professionnels du théâtre, des jazzmen noirs s'ouvrent aux musiciens européens. (...) Une dynamique de collaboration, de confluence entre les différentes spécialisations artistiques — musique, arts plastiques, poésie, danse, théâtre, cinéma, qui chacune avait sa place parmi les activités de la Fondation — s'approfondissait au fil des festivals (...) »

En feuilletant les programmes, dont la couverture était confiée à un peintre et le texte de présentation à un écrivain ou à un poète, on peut imaginer ce que fut à l'époque ce festival d'un esprit nouveau, où se mêlaient différents types de musiques, et qui a permis de faire connaître en France, pour la première fois, de très grands compositeurs et solistes.

1965

4 août, le quatuor Parrenin, avec le harpiste Francis Pierre, interprète des œuvres de Berg, Debussy, Maderna, Miroglio, Schönberg et Stravinsky.
5 août, Yuji Takahashi, pianiste japonais, interprète des œuvres de Boulez, Cage, Messiaen, Xénakis et des créations de Takemitsu et Takahashi.
7 août, l'Ensemble instrumental de musique contemporaine de Paris dirigé par Simonovitch, avec Geneviève Roblot, soprano, interprète des œuvres de Guezec, Kontonski, Philippot, Stockhausen, Varèse et Webern.

1966

31 juillet, l'ensemble Ars Nova dirigé par Marius Constant interprète des œuvres d'Ives, Ohana, Paccagnini, Schönberg et des créations de Ballif et de Trow.

2 août, l'orchestre du Domaine musical dirigé par Gielen, avec la soliste Yvonne Loriod, interprète des œuvres de Webern et des créations d'Arrigo, De Pablo et Mefano.

3 août, un ensemble de solistes interprète en première audition des œuvres de Guyonnet, Miroglio, Stockhausen et Xénakis.

1er, 3, 5 , 6 et 7 août, la Merce Cunningham Dance Company, qui participe pour la première fois à un festival européen, danse sur des musiques de John Cage, de La Monte Young et de Gordon Mumma.

Aimé Maeght et John Cage en 1966.

◄ *Répétition de Merce Cunningham dans la cour Giacometti en 1966.*

De gauche à droite : Merce Cunningham, John Cage,
Francis Miroglio, Carolyn Brown, Geneviève Roblot et Aimé Maeght
pendant le second festival des Nuits de la Fondation, en 1966.

1967

Une exposition consacrée à René Char a lieu en même temps. Le théâtre fait son apparition.

3 août, le pianiste Claude Helffer interprète des œuvres de Berg, Webern, Amy, Bartok et des créations de Bertoncini, Tremblay et Evangelisti.
4 août, la compagnie de danse contemporaine Sara Pardo donne quatre ballets sur des musiques de De Pablo, Gorecki, Webern et Varèse.
5 août, lectures de poèmes de René Char par la compagnie théâtrale Jacques Guimet, mise en scène Francis Arnaud.

137

NUITS DE LA FONDATION MAEGHT

SAINT-PAUL

IIIe FESTIVAL INTERNATIONAL DE MUSIQUE ET D'ART CONTEMPORAINS

CONCERTS BALLETS POESIE CINEMA

10 CRÉATIONS ET 13 PREMIÈRES AUDITIONS

3 Août 21 h 30
CLAUDE HELFFER pianiste
Berg Webern Amy Bertoncini
Tremblay Evangelisti Bartok

4 Août 21 h 30
COMPAGNIE DE DANSE CONTEMPORAINE SARA PARDO
Yves De Pablo Gorecki Webern
Garcia Lorca Varese

5 Août 21 h 30
COMPAGNIE JACQUES GUIMET
RENE CHAR
Poete de notre temps

6 Août 21 h 30
ENSEMBLE MUSIQUE VIVANTE
GENEVIEVE ROBLOT soprano
Direction DIEGO MASSON
Shinohara Haubenstock-Ramati
Clementi Nilsson Boulez

9 Août 21 h 30
QUATUOR A PERCUSSION DE PARIS
VINKO GLOBOKAR trombone
Rotter Berio Globokar Brown Nono

10 Août 21 h 30
SEVERINO GAZZELLONI flûtiste
BRUNO CANINO pianiste
Renosto Matzudaira Yun Castiglioni
Kotonski Miroglio

11 Août 21 h 30
ENSEMBLE ARS NOVA DE L'ORTF
IVRY GITLIS violoniste
Direction ERNEST BOUR
Schœnberg Mestral Benhamou
Kœring Varese

Spectacle permanent
avec films sur
Bazaine Cage Calder Cesar Chagall Ernst
Etienne-Martin Hartung Kagel Michaux
Nono Stockhausen Strawinsky Viseux

HOMMAGE A MARC CHAGALL DANS LES SALLES DU MUSEE ILLUMINE

Prix des places (avec visite du musée) Concerts 25 F - 15 F Ballets 30 F - 16 F
Poesie 15 F - 8 F Abonnement reduction 15%

Cars speciaux à la gare des autobus de Nice Parking assuré

Pour tous renseignements et locations s'adresser à :

SAINT-PAUL
Fondation Maeght
Tel. 20 61 63

PARIS
Fondation Maeght
9 rue Berryer
Tel. 267 16 92

NICE
Syndicat d'initiative
Agence Havas
13 place Massena
Tel. 85 47 89

CANNES
Agence Havas
3 rue Marechal Foch
Tel. 39 20 75

ANTIBES
Office du Tourisme
Place de Gaulle
Tel. 34 58 35

JUAN-LES-PINS
Office du Tourisme
Square Courbet
Tel. 34 04 43

Avec la participation de l'ORTF

---

6 août, l'ensemble Musique vivante dirigé par Diego Masson, avec la soprano Geneviève Roblot, interprète Boulez, et en création des œuvres de Nilsson, Clementi, Haubenstock-Ramati et Shinohara.

9 août, le Quatuor à percussions de Paris, avec le tromboniste Globokar, joue en première audition française des œuvres de Rotter, Nono, Berio, Globokar et Brown.

10 août, le flutiste italien Severino Gazzelloni et le pianiste Bruno Canino donnent un récital avec des œuvres de Renosto, Matsudaira, Yun, Castiglioni, Kontonski et Miroglio.

11 août, l'ensemble Ars Nova dirigé par Ernest Bour, avec le violoniste Ivry Gitlis, interprète des œuvres de Schönberg, de Varèse et crée des partitions de Mestral, Benhamou, Koering.

1968

22 juillet, la Fondation accueille le Concert Irregular de Joan Brossa, musique de Carlos Santos, mise en scène de Portabella, décors et costumes de Joan Miró.

Répétition de l'ensemble Ars Nova, dirigé par Ernest Bour, pour le concert donné le 11 août 1967, dans la cour Giacometti.

139

◀ Première mondiale de *Tremplin de Francis Miroglio dans la cour Giacometti, avec une mise en scène lumineuse de l'orchestre en 1969.*

Cecil Taylor et Aimé Maeght, le 28 juillet 1969.

1969

Une projection de films d'art et expérimentaux est associée au festival.

21 et 23 juillet, l'ensemble Musique vivante dirigé par Diego Masson avec quatre chanteurs (Marie-Thérèse Cahn, Geneviève Roblot, Luis Masson et Jean-Marie Gourlou) interprète en première mondiale deux œuvres de théâtre musical de Haubenstock-Ramati et Miroglio dans une mise en scène de Jacques Polieri avec des peintures projetées d'Alain Le Yaouanc.

22 juillet, l'ensemble Musique vivante et des solistes dirigés par Diego Masson interprètent Webern, Kagel, en premières françaises et Arrigi, Guezec, De Pablo en premières mondiales.

25 et 27 juillet, créations d'œuvres de Ferrari et de Koering.

26 juillet, quatre premières mondiales de Karlheinz Stockhausen par Harold Boje, Roy Art, Michaël Vetter et un ensemble de solistes.

28 et 29 juillet, Cecil Taylor et sa formation emplissent par deux fois la cour Giacometti de leurs sonorités.

*Le compositeur Karlheinz Stockhausen à la Fondation,
le 26 juillet 1969.*

◄ *Saül Steinberg, affiche originale des Nuits de la Fondation Maeght, 1970, lithographie avec dorure, 89 × 57,5 cm.*

1970

Se déroule en même temps l'exposition « L'Art vivant aux États-Unis » qui propose des séances consacrées au cinéma « underground » américain ainsi que des « events » d'artistes américains.

16 juillet, le compositeur et chef d'orchestre américain Lukas Foss à la tête de l'Evening for New Music Ensemble interprète Lukas Foss et Joël Chabade avec une animation plastique de Robert Israël « M. A. P ».
17, 18, 19 et 21 juillet, ballets et « events » de la Merce Cunningham Dance Company sur des musiques d'Oliveros, Cage, Mumma et Tudor ; décors de Jaspers Johns, Robert Morris et Frank Stella.
20 juillet, l'ensemble Ars Nova et l'Evening for New Music Ensemble sont réunis pour interpréter des premières mondiales d'Hiller, Feldman, Brown, Foss et Reynolds.

Le théâtre expérimental gonflable de Hans Walter Müller, installé durant les Nuits de la Fondation en 1970.

145

─────────────────────────────■─────────────────────────────

22 juillet, l'Evening for New Music Ensemble joue des œuvres de Burge, Carter, Williams, Behrman, Budd et Albright qui sont des premières européennes ou mondiales. À cette occasion ont lieu diverses « performances » de Carl André, Hans Haacke et Robert Whitman.

25 et 27 juillet, se produit le Sextet Albert Ayler.

28 juillet, à l'initiative de Silvia Monfort, se tiennent les états généraux du théâtre, consacrés à la création théâtrale en France.

29 juillet et 4 août, présence de La Monte Young et ses fréquences illimitées.

3 et 5 août, un concert du Sun Râ Arkestra fait entendre un jazz insolite dans un théâtre expérimental gonflable conçu par Hans Walter Müller.

Les Nuits de la Fondation Maeght consacrèrent une activité créatrice multiforme. Les auditeurs et spectateurs en ont conservé un souvenir ébloui. Malheureusement une telle entreprise dépassait les seules possibilités financières d'une fondation privée. En 1971, il fallut se résoudre à mettre un terme à l'expérience, malgré les résultats obtenus dans la défense et l'illustration de la musique contemporaine.

Après la mort de son père, Adrien Maeght a tenté, en 1984, de redonner vie à ce festival. Il avait notamment demandé à Strejinsky, acousticien à l'université de Genève, de créer un podium avec de grands réflecteurs acoustiques évitant par là-même les défauts qui avaient gêné les interprètes des premières Nuits. Pendant cinq années, une nouvelle série de concerts a ainsi donné l'occasion d'entendre, sous la direction de Blaise Calame, quelques créations mondiales d'importants compositeurs et interprètes, Mstislav Rostropovitch, Luciano Berio, Jean-Claude Risset, Emmanuel Krivine, Frédéric Lodéon, Michel Portal, Margaret Price, Karlheinz Stockhausen.. Mais, encore une fois, il fallut se rendre à l'évidence des chiffres...

1. Francis Miroglio, Cahier du CREM.

Aimé Maeght, amateur de films.

FILMS D'ART

« *Raoul Ubac* »,
une scène du film de Caroline Laure et Franco Lecca, 1972.

LA FONDATION MARGUERITE ET AIMÉ MAEGHT

À partir de 1969, Aimé Maeght, passionné de photographie et de cinéma, entouré d'artistes devenus ses amis, décide de produire des films consacrés à l'art. À l'image de la Fondation, propice à accueillir l'art sous diverses formes, Aimé Maeght investit grâce à la caméra des champs artistiques hétérogènes. La motivation d'un tel choix semble avant tout la curiosité pour un art vivant ainsi que le désir de le faire partager.

Confiant la réalisation de ces reportages à différents cinéastes, Francesc Catala Roca, Clovis Prévost, Jean-Michel Meurice, Raoul Sangla, Ernst Scheidegger, Carlos Vilarderbo, Aimé Maeght a produit une trentaine de courts et longs métrages visibles au cinéma de la Fondation.

Ont ainsi été filmées les Nuits de la Fondation 1969 et 1970. Le film est là le moyen idéal de fixer à jamais un moment particulier comme Cécil Taylor, Terry Riley, Albert Ayler ou Sun Râ en concert.

D'autres films présentent le travail des artistes au quotidien : Raoul Ubac traçant des sillons dans le sable, Alexander Calder dirigeant dans une usine le montage d'un stabile monumental, Joan Miró travaillant à sa céramique murale d'Osaka au Japon.

Les peintres et les sculpteurs sont également devenus à leur tour cinéastes. Pol Bury réalisa, par exemple, plusieurs films dont, *Une leçon de géométrie plane* ou Valerio Adami, *Vacances dans le désert*.

Mais la plus grande réussite en ce domaine est probablement la série des trois longs métrages confiée à André Malraux : *Les Métamorphoses du regard*. En trois volets, *Les Dieux de la nuit et du soleil*, *Les Maîtres de l'irréel*, *Le Monde sans dieux*, l'écrivain s'interrogeait sur le sens de l'art depuis Lascaux jusqu'à nos jours.

151

Liste des films

NUITS DE LA FONDATION MAEGHT, 1969

- *Free Jazz : Concert Cecil Taylor*
3 films 16 mm couleurs de 26', 1969-70
1 film de 1 heure 30'
Réalisation Raoul Sangla

- *Cette nuit là, les hommes marchèrent sur la Lune*
1 film de 16 mm, couleurs de 18', 1969-70
Réalisation Carlos Vilarderbo.

NUITS DE LA FONDATION MAEGHT, 1970

- *Free Jazz : Concert Lukas Foss*
1 film 16 mm couleurs de 59', 1970
Réalisation : Jean-Michel Meurice

- *Film constat : Terry Riley*
1 film 16 mm couleurs de 48', 1970
Réalisation : Jean-Michel Meurice

- *Albert Ayler : le dernier concert*
1 film 16 mm couleurs de 51', 1970-71
Réalisation : Jean-Michel Meurice

- *Sun Râ*
1 film 16 mm couleurs de 55', 1971
Réalisation : Jean-Michel Meurice

EXPOSITION ART VIVANT AUX ÉTATS-UNIS

- *Dans une heure et demain peut-être*
1 film 16 mm couleurs de 52', 1970
Réalisation : Jean-Michel Meurice

SOURCES DE L'ART CONTEMPORAIN

- *La Couleur de la revue blanche*
1 film 16 mm couleurs de 13', 1965
Réalisation : Huguette Marquand-Ferreux

- *Gaudi*
1 film 16 mm couleurs de 30', 1969-1970
Réalisation : Clovis Prévost

- *À bas les murs du silence (Les graffiti)*
1 film 16 mm couleurs de 38', 1970
Réalisation : Clovis Prévost et William Mac Lean

152

• *Les Métamorphoses du regard*
— Les Dieux de la nuit et du soleil
— Les Maîtres de l'irréel
— Le Monde sans dieux
3 films 16 mm couleurs de 3 x 52', 1974
Participation de Pierre Dumayet et Walter Langlois
Réalisation : Clovis Prévost

FILMS CONSACRÉS AUX ARTISTES

• JOSEP LLORENS ARTIGAS : *céramique*
1 film 16 mm couleurs de 23', 1969
Réalisation : Francesc Catala Roca

• ALEXANDER CALDER : *portrait*
1 film 16 mm couleurs de 40', 1971
Réalisation : Charles Chaboud

• MARC CHAGALL : *portrait*
Exposition du Grand Palais
1 film 16 mm couleurs de 53', 1969
Réalisation : Pierre Dumayet

• ALBERTO GIACOMETTI :
1 film 16 mm couleurs de 29', 1965-1966
Réalisation : Ernst Scheidegger et Peter Münger

• ZOLTAN KEMENY :
1 film 16 mm couleurs, 1969
Réalisation : Charles Chaboud

• JOAN MIRÓ, JOSEP LLORENS ARTIGAS : *céramique murale (Osaka 1970)*
1 film 16 mm couleurs de 12', 1970
Réalisation : Francesc Catala Roca

• JOAN MIRÓ : *peinture murale (Osaka 1970)*
1 film 16 mm couleurs de 12', 1970
Réalisation : Francesc Catala Roca

• JOAN MIRÓ : *l'altre*
1 film 16 mm couleurs de 29', 1970
Réalisation : Pere Portabella

• JOAN MIRÓ : *lithographie d'une affiche*
1 film 16 mm couleurs de 18', 1971
Réalisation : Clovis Prévost

• JOAN MIRÓ : *sculpteur*
1 film 16 mm couleurs de 38', 1973
Réalisation : Clovis Prévost et Carlos Santos

153

• JOAN MIRÓ :
1 film 16 mm couleurs de 38', 1973
Réalisation : Franco Lecca et Caroline Laure

• JOAN MIRÓ : *Forzea, sculptures*
1 film 16 mm couleurs de 30'
Réalisation : Pere Portabella

• JOAN MIRÓ : *tapisserie*
1 film 16 mm couleurs de 30'
Réalisation : Pere Portabella

• JEAN-PAUL RIOPELLE : *portrait*
1 film 16 mm couleurs de 24'
Réalisation : Pierre Schneider

• ANTONI TÀPIES :
1 film 16 mm de 32', 1969-1970
Réalisation : Clovis Prévost

• RAOUL UBAC : *portrait*
1 film 16 mm couleurs de 34', 1972
Réalisation : Caroline Laure et Franco Lecca

FILMS RÉALISÉS PAR LES ARTISTES

• *8500 tonnes de fer*
1 film 16 mm noir et blanc de 14', 1971
Réalisation : Pol Bury et Clovis Prévost

• *Une leçon de géométrie plane*
1 film 16 mm noir et blanc de 13', 1971
Réalisation : Pol Bury et Clovis Prévost

• *135 km/h*
1 film 16 mm noir et blanc de 16', 1972
Réalisation : Pol Bury et Clovis Prévost

• *Vacances dans le désert I et II*
2 films 16 mm couleurs de 35', 1972
Réalisation : Gian Carlo et Valerio Adami.

154

VIII

L'ALBUM DE LA FONDATION

Marguerite Maeght accueillant Nadia Léger,
le soir de l'inauguration de la Fondation, 28 juillet 1964.

LA FONDATION MARGUERITE ET AIMÉ MAEGHT

Duke Ellington et Joan Miró,
à la Fondation en 1966.

◄ Duke Ellington et Yoyo Maeght,
en juillet 1966.

Georges Braque et Isabelle Maeght
en 1963.

Marc *Chagall*, André *Malraux et* Aimé *Maeght*,
devant « *La Vie* »,
lors du vernissage de « *Hommage à Marc Chagall* », *en août 1967.*

Marguerite Maeght, l'éditeur Tériade et sa femme Alice,
lors de « Hommage à Marc Chagall », en 1967.

Marguerite Maeght, Marc Chagall et Nadia Léger.

Aimé Maeght prépare avec Marc Chagall
et Vava Chagall
« Et sur la terre » de André Malraux,
dans les ateliers de gravure de Saint-Paul.

163

Félix Zanutto et Simone Signoret à la Fondation, en juin 1967.

Aimé Maeght devant « Marylin, 1967 » de Andy Warhol
lors de l'exposition « Art Vivant 1965-1968 », en 1968.

165

Quelques heures avant le vernissage de la rétrospective ▶
qui lui est consacrée à la Fondation,
Alexander Calder installe un stabile dans le jardin d'entrée, en 1969.

Max Ernst à la Fondation Maeght
pendant le colloque sur le cinétisme, en 1969.

Sol Lewit monte « Cinq cubes », 1970,
acier peint en blanc, 450 × 450 × 160 cm,
pour l'exposition « L'Art vivant aux États-Unis », en 1970.

Aimé Maeght et Hans Hartung,
à l'occasion de l'exposition « Hans Hartung, grands formats », en 1971.

Jean-Louis Prat, directeur de la Fondation,
M. et Mme Georges Pompidou et Aimé Maeght,
à l'occasion de la rétrospective « Nicolas de Staël », en 1972.

Visite d'Edgar Faure à la Fondation, pour l'exposition
« Le Musée imaginaire d'André Malraux », en septembre 1973.

*Bram Van Velde, Samuel Beckett et Aimé Maeght
durant la rétrospective consacrée au peintre, en 1973.*

Ben *et Aimé Maeght pendant le vernissage
de l'exposition « Daily Bul and Co », 7 février 1976.*

Aimé Maeght et Saül Steinberg,
pendant la rétrospective Steinberg, 10 mars 1979.

*Yoyo Maeght, Robert Rauschenberg et Adrien Maeght,
au vernissage de l'exposition Rauschenberg, en 1984.*

Adrien Maeght, Valerio Adami et Louis Cane,
au vernissage de l'exposition « Louis Cane, œuvres récentes », le 7 mai 1983.

De gauche à droite :
Michel Guy, Jean-Louis Prat, Gustav Zumsteg,
Edmonde Charles-Roux, Emilio Miró, Isabelle et Adrien Maeght,
lors de « Hommage à Joan Miró », en mars 1984.

L'album de la Fondation

Adrien Maeght et Dominique Bozo,
lors de la rétrospective de l'œuvre peint de Joan Miró, en juillet 1990.

Isabelle Maeght et le petit-fils de Joan Miró, Emilio,
le soir du vernissage de l'exposition « Miró », en juillet 1990.

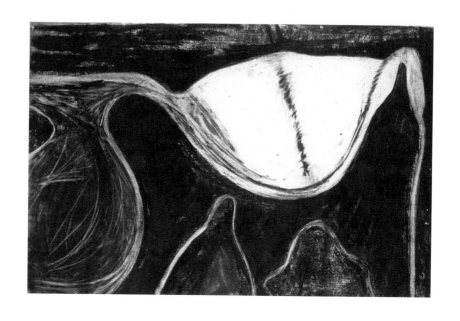

*Dominique Labauvie, « Flying Saucer II », 1991,
fusain sur papier, 102,5 × 153 cm.*

LA FONDATION MARGUERITE ET AIMÉ MAEGHT

IX

ANNEXES

Marguerite et Aimé Maeght à la Fondation, 1976.

Marguerite et Aimé Maeght

Principaux repères biographiques :

1906
Aimé Maeght naît le 27 avril à Hazebrouk (Nord). Fils d'Alfred Maeght, employé des chemins de fer, et de Marthe Marguerite Roy. Il est l'aîné d'une famille de cinq enfants.

1909
Marguerite Devaye naît le 25 août à Cannes. Fille de François Devaye et d'Anna Fassone, négociants. Elle est la benjamine d'une famille de trois enfants.

1914-1925
Le père d'Aimé Maeght meurt à la guerre. Sa mère — la maison familiale ayant été détruite — est rapatriée par la Croix-Rouge, avec ses enfants, à Lassalle (Gard).
Pupille de la nation, Aimé Maeght fait ses études au collège de Nîmes. Il s'intéresse à la musique moderne et joue dans des orchestres amateurs.

1926-1929
Après des études au lycée technique de Nîmes, il devient dessinateur-lithographe et part pour Cannes où il travaille à l'imprimerie Robaudy. Il rencontre Marguerite Devaye qu'il épouse le 31 juillet 1928. Intéressé par la publicité, il réalise de nombreuses affiches.

1930
Ouverture de l'imprimerie des Arts. Naissance d'un premier fils, Adrien, le 17 mars.

1932
Marguerite et Aimé Maeght ouvrent, rue des Belges, un magasin d'appareils radio et de décoration. Première rencontre avec Pierre Bonnard à l'occasion de la réalisation d'une lithographie.

1936
Le magasin devient peu à peu une galerie, la galerie Arte, où sont exposés des peintres locaux : Domergues, Lartigue, Pastour...

1939-1940
Mobilisé dans l'infanterie de marine à Toulon, Aimé Maeght revient à Cannes après l'armistice.

183

1941

Le couple se lie d'amitié avec Pierre Bonnard. Sur les conseils de ce dernier, Aimé Maeght se consacre définitivement au métier d'éditeur d'art et de marchand de tableaux.

1942

Naissance de leur second fils, Bernard, le 2 mai.

1943

Rencontre d'Henri Matisse qui réalisera de nombreux portraits de Marguerite Maeght.

1945

En octobre, Marguerite et Aimé Maeght ouvrent, 13, rue de Téhéran à Paris, une galerie qui porte leur nom, dont le directeur est Jacques Kober. L'exposition d'inauguration est consacrée à Matisse.

Passionné par l'édition, Aimé Maeght publie les premiers ouvrages de la collection Pierre à feu (recueils de poèmes ou de prose accompagnés d'illustrations). Cette collection sera complétée par des monographies (Bazaine, Chagall, Kandinsky, Miró).

1946

Exposition collective : *Sur quatre murs*, avec Bonnard, Matisse, Picasso, Braque, Léger, Rouault, Gris...

Première grande édition originale : *Description d'un combat* de Franz Kafka, illustré par Atlan.

Exposition *Le noir est une couleur* dont le catalogue constitue le premier numéro de *Derrière Le Miroir* (cahier grand format illustré de lithographies originales avec des textes de poètes, d'écrivains ou de critiques).

1947

Première exposition *Les Mains éblouies*, qui présente les nouvelles tendances de la peinture et de la sculpture (Rezvani, Dmitrienko, Mason, Quentin...) Adrien Maeght prend les éditions en charge jusqu'en 1957.

Parution de *Les Miroirs profonds,* cahier le plus marquant de la collection Pierre à Feu, consacré à Matisse et comportant déjà des textes de grands écrivains de l'époque. Exposition *Le Surréalisme*, organisée par Marcel Duchamp et André Breton, manifestation importante et controversée. Publication de *Le Vent des épines* de Jacques Kober, illustré par Bonnard, Braque, Matisse, et du *Cahier* de Georges Braque. Première exposition *Georges Braque*.

184

1948

Premières expositions *Geer* et *Bram Van Velde*, ainsi que *Joan Miró*.
Parution de *Perspectives* de Paul Éluard, illustré par Albert Flocon, et de *L'Album 13* de Joan Miró. Louis-Gabriel Clayeux devient directeur de la galerie, il est l'ami de Léger, Ubac, Bazaine, Calder, Giacometti ; ces artistes entrent à la galerie.
Exposition *L'Art abstrait* préparée par Michel Seuphor et André Farcy.

1950

Les activités d'édition prennent une place de plus en plus importante : parution de *Parler seul* de Tristan Tzara, illustré par Joan Miró, *Milarepa* et *Une aventure méthodique* de Pierre Reverdy, illustrés par Georges Braque.
Premières expositions *Marc Chagall, Alexander Calder* et *Raoul Ubac*.
Marguerite et Aimé Maeght achètent une propriété à Saint-Paul. Dernière exposition *Les Mains éblouies* (Arnal, Alechinsky, Corneille, Youngerman, Palazuelo, Chillida...).

1951

Exposition *Wassili Kandinsky*.
Première exposition *Alberto Giacometti*. L'exposition *Tendance* est consacrée à de jeunes artistes (Germain, Pallut, Poliakoff...).

1953

À la suite d'une longue maladie, Bernard, le fils cadet de Marguerite et d'Aimé Maeght meurt le 25 novembre. Très affectés par cette douloureuse épreuve, ils se retirent à Saint-Paul. L'affection et la présence des artistes les aident à surmonter leur chagrin. Ils ont l'idée de créer à Saint-Paul un lieu de rencontre pour les artistes.

1953-1958

Mariage de Paule et Adrien, le 8 avril 1954.
Naissance d'Isabelle (1955) et de Florence (1956), filles de Paule et Adrien Maeght.
La galerie de Paris présente à cette époque des artistes nouveaux : Saül Steinberg (1953), Pierre Tal-Coat (1954), Pablo Palazuelo (1955), Eduardo Chillida (1956), Ellsworth Kelly (1958) et François Fiedler (1959).
Ces artistes de différentes nationalités se retrouvent dès lors au sein de la galerie Maeght, en une collaboration étroite qui ne se démentira jamais, tant au niveau du travail qu'à celui des amitiés.
Adrien Maeght quitte la galerie en 1958 et ouvre sa propre librairie-galerie, 42, rue du Bac, dans le 7e arrondissement de Paris.

185

1959-1961

Aimé Maeght ouvre ses ateliers de lithographie et de gravure à Levallois. Toute sa vie sera orientée vers la création et la diffusion de ce nouveau moyen de connaissance de l'art contemporain dont il sera l'un des plus importants promoteurs. Il se consacrera aussi à la bibliophilie.

Adrien Maeght expose pour la première fois les collages de son ami Jacques Prévert.

Naissance de Yoyo (1959), troisième fille de Paule et Adrien Maeght.

1962-1963

Marguerite et Aimé Maeght financent la construction de leur Fondation à Saint-Paul. Josep Lluis Sert en est l'architecte.

Exposition *Der Blaue Reiter* en 1962.

1964

Reconnue d'utilité publique, la Fondation Maeght est inaugurée le 28 juillet par André Malraux qui a soutenu ce grand projet. Marguerite et Aimé Maeght donnent une partie de leur collection à la Fondation qu'ils ne cesseront d'enrichir toute leur vie. Aimé Maeght est nommé Chevalier de la Légion d'honneur.

1965

Premières Nuits de la Fondation. Ces Nuits auront lieu tous les ans au mois de juillet jusqu'en 1970.

Les ateliers de Levallois, trop exigus, rejoignent l'imprimerie Arte créée par Adrien Maeght, rue Daguerre, dans le 14e arrondissement. Les artistes ont ainsi à leur disposition la gravure, la lithographie, la phototypie, l'offset...

1966

Premier numéro de *L'Éphémère* (cahier trimestriel de littérature) animé par Yves Bonnefoy, André du Bouchet, Gaëtan Picon, Michel Leiris, Louis-René des Forêts, Paul Celan, Jacques Dupin.

Exposition *L'Art vivant 1945-1955* à la Fondation.

1967

Premières expositions *Paul Rebeyrolle* et *Antoni Tàpies*.

Exposition rétrospective *Marc Chagall* à la Fondation.

Retransmission par Telstar, dans 53 pays, de la première émission en mondovision, « Notre Monde », où figure une séquence consacrée à la Fondation et à un ballet de Joseph Lazzini, sur une musique de Francis Miroglio.

1968

Parution du premier numéro de *L'Art vivant*, revue mensuelle consacrée essentiellement aux recherches d'avant-garde sur les arts plastiques, le cinéma, la photographie, la musique et l'architecture.

Naissance de Julien, fils de Paule et Adrien Maeght.

1 9 6 9
Aimé Maeght décide de produire des films consacrés aux artistes. Parmi les plus importants, une série de trois longs métrages : *Les Métamorphoses du regard* d'André Malraux, coproduite par la Télévision française.
Première exposition *Pol Bury*.
Exposition *À la rencontre de Matisse*, à la Fondation.

1 9 7 0
Parution du premier volume de la collection Monographies.
Première exposition *Valerio Adami*.

1 9 7 1
Parution du premier tome de *L'Art abstrait* par Michel Seuphor et Michel Ragon (5 volumes).
Publication de *Fêtes* de Prévert, illustré par Alexander Calder.
Exposition *René Char* à la Fondation.

1 9 7 2
Exposition rétrospective *Nicolas de Staël* à la Fondation.
Création du comité Pierre Reverdy à la Fondation.

1 9 7 3
Importante exposition consacrée au *Musée imaginaire d'André Malraux* à la Fondation, qu'il inaugure le 13 juillet.
Naissance de la série des Placards, qui associe une lithographie ou une sérigraphie d'artiste, au texte d'un poète.
Parution de *L'Unique* d'Hölderlin, illustré par Bram Van Velde.

1 9 7 4
Inauguration de la galerie Maeght de Barcelone.
Organisation à la Fondation des Moments musicaux qui présentent de jeunes solistes (Augustin Dumay, Frédéric Lodéon, Emmanuel Krivine, Michel Portal, Henri Barda, Alain Planès...)
Inauguration de la chapelle Sainte-Roseline aux Arcs (Var) dont Marguerite Maeght finance la restauration et où se trouvent des œuvres de Marc Chagall, Diego Giacometti, Raoul Ubac, Jean Bazaine...

1 9 7 5
Parallèlement à la revue *Argile*, une collection du même nom est lancée afin de soutenir de jeunes auteurs illustrés par des artistes contemporains.
Première exposition *Claude Garache*.
Exposition rétrospective *Bonnard dans sa lumière* à la Fondation.
Marguerite Maeght est nommée Chevalier de la Légion d'honneur.
Parution d'*Adonidès* de Jacques Prévert, illustré par Joan Miró.

187

Projet de réaliser à Paris un centre qui regrouperait toutes les activités de la galerie, des éditions, de la Fondation, qui favoriserait les recherches des éditions et préserverait certains métiers d'art. Ce vaste projet de restauration et de réhabilitation d'un îlot du Marais ne verra pas le jour par suite de difficultés administratives.

Film réalisé par la télévision française : *Du côté de chez les Maeght*, dix émissions de 26 minutes chacune, diffusées sur la troisième chaîne.

1976
Maeght éditeur poursuit la publication de nombreuses grandes éditions originales, lithographies, eaux-fortes et éditions courantes.
Première exposition *Jacques Monory*.

1977
✝ Marguerite Maeght meurt le 31 juillet.
Exposition rétrospective *Paul Klee* à la Fondation.
Premières expositions *Shusaku Arakawa* et *Richard Lindner*.
Publication de deux livres illustrés par Marc Chagall : *Et sur la terre* d'André Malraux, *Celui qui dit les choses sans rien dire* de Louis Aragon.

1978
Première exposition *Gérard Titus-Carmel*.
Exposition rétrospective *Alberto Giacometti* à la Fondation. Publication de *Petrificada petrificante* d'Octavio Paz, illustré par Antoni Tàpies.

1979
Inauguration de nouvelles salles d'exposition, 14, rue de Téhéran, afin d'accueillir les expériences et les recherches des jeunes artistes (Paul Rotterdam, Peter Stämpfli, Hervé Télémaque, Nigel Hall...).
Première exposition *Edward Kienholz*.

1980
Première exposition *Konrad Klapheck*.
Exposition rétrospective *Georges Braque*.

1981
Première exposition *Pierre Alechinsky, Isamu Noguchi* et *Takis*.
Rétrospective *La Sculpture du XXᵉ siècle : 1900-1945* à la Fondation.
✝ Aimé Maeght s'éteint le 5 septembre.

188

Chronologie des travaux
de la Fondation Maeght

1 9 5 3

- Marguerite et Aimé Maeght décident de créer un lieu de rencontre pour les artistes à Saint-Paul.

1 9 5 6

- Aimé Maeght visite l'atelier de Joan Miró à Palma de Majorque, construit de 1955 à 1956 par Josep-Lluis Sert.
  Décide de choisir Josep-Lluis Sert comme architecte de la Fondation.

1 9 5 7

- 3 juin : Aimé Maeght envoie une lettre à Josep-Lluis Sert pour lui demander d'être l'architecte de son musée.
- 10 juin : réponse favorable de Josep-Lluis Sert enthousiasmé par le projet. Point de départ d'une correspondance entre les deux hommes.
- Décembre : voyage d'Aimé Maeght aux États-Unis où il rencontre Josep-Lluis Sert.

1 9 5 8

- 2 février : Josep-Lluis Sert ébauche les premiers croquis.
- Juillet : visite de Josep-Lluis Sert à Saint-Paul.
- 10 novembre : premier croquis sur le bâtiment.
- 2 décembre : deuxième croquis sur le bâtiment.

1 9 5 9

- 6 juin : demande de permis de construire.
- Juillet : premières maquettes sur la Fondation.
- 15-23 juillet : voyage de Josep-Lluis Sert en France à Saint-Paul.
- 14 août : permis de construire accordé : n° 21 472.
- 7 octobre : cabinet d'Emmanuel Bellini chargé de l'exécution du programme.

189

1960

- 5 janvier : Eugène Lizero et Emmanuel Bellini sont nommés architectes d'opération.
- 11 mars : plans définitifs du musée.
- 2 juin : plans définitifs de la chapelle.
- 21 juin : seconde série de plans de la maison du directeur.
- 15 juillet : devis de terrassements et gros œuvre.
- 5 septembre : début des travaux.
- 22 octobre : fondations d'ensemble des salles du musée.
- 20 novembre : fondations du musée entièrement finies.
- 22 décembre : modifications des plans (coffrage, appareillage de la chapelle).

1961

- 26 avril : plans de la maison du gardien.
- Juillet : voyage de Josep-Lluis Sert en France ; travaille avec les artistes et notamment avec Joan Miró.
- Août : cathédrale de bois pour construire les demi-lunes de la « Mairie ».
- 22 septembre : troisième série de plans de la maison du directeur. Finition des deux grands monitors décoffrés et recouverts de cocoon. Problème de chauffage.
- 1er décembre : terrassement du labyrinthe presque achevé.

1962

- 1er au 5 janvier : voyage de Huson Jackson, associé de Sert, à Saint-Paul.
- Février : voyage d'Aimé Maeght aux États-Unis.
- 1er juin : claustras de la « Mairie » terminés.
- 19 juin : nettoyage du chantier ; installation de rails pour l'éclairage.
- 7 au 22 juillet : Aimé Maeght, Josep-Lluis Sert, Joan Miró sont à Saint-Paul.
- 12 juillet : peintures du musée et de la maison du directeur ; éclairage électrique intérieur et extérieur.
- Juillet : installation des maquettes des sculptures de Joan Miró dans le labyrinthe.
- 24 août : Josep-Lluis Sert est de nouveau à Saint-Paul.
- 25 octobre : la maison du directeur est terminée. Système de recyclage des eaux achevé ; achèvement des travaux d'électricité.

190

1963

- 16 au 23 février : voyage de Josep-Lluis Sert à Saint-Paul.
- 9 août : décompte définitif des travaux.
- 22 octobre : nécessité de refaire tous les plâtres. Pose du vitrail et du chemin de croix de Raoul Ubac.
- Novembre : sculptures du labyrinthe achevées.
- Ronald Gourley quitte l'agence qui s'appellera « Sert, Jackson et Associés ».

1964

- 15 mai : donation d'œuvres et d'argent devant notaire, de Marguerite et Aimé Maeght, à la Fondation.
- Début juillet : Josep-Lluis Sert est à Saint-Paul, vérification des derniers détails.
- 18 juillet : reconnaissance d'utilité publique.
- 28 juillet : inauguration de la Fondation Marguerite et Aimé Maeght par André Malraux, ministre des Affaires culturelles.

191

Artisans de la Fondation

Architecte créateur : Josep Lluis Sert, assisté de Huson Jackson et Ronald Gourley, Cambridge, États-Unis.

Architectes d'opération : Emmanuel Bellini et Eugène Lizero, Cannes.

Les céramiques monumentales de Joan Miró ont été réalisées par Josep Llorens Artigas et Joan Gardy Artigas, à Gallifa, Espagne.

Les mosaïques de Georges Braque, Marc Chagall et Pierre Tal-Coat ont été exécutées par Lino Melano.

Les vitraux de Georges Braque et de Raoul Ubac ont été réalisés par Charles Marcq et les Ateliers Simon à Reims.

Les meubles de bronze, lampadaires, banquettes et poignées de porte ont été créés par Diego Giacometti à Paris.

La fourche de Joan Miró a été fondue par les Établissements Susse, à Paris et sa flèche a été forgée par l'Atelier Demarquoy à Antibes.

Le Grand Arc de Joan Miró a été réalisé par M. Venturi pour les Établissements Triverio à Nice.
Les jardins ont été réalisés par Fish, Vallauris, sous la direction d'Albert Varey, chef jardinier de la Fondation.

Principales donations
à la Fondation Maeght

ŒUVRES DONNÉES PAR LES ARTISTES

VALERIO ADAMI _____

• *Sigmund Freud in Viaggio
verso Londra,* 1973
Peinture acrylique sur toile
130 × 97 cm

• *Dessin,* 1979
Terre d'ombrie, caséïne, pastel
et crayon
187 × 142 cm
(Don de 1979)

• *Dessin,* 1979
Terre de Sienne, caséïne, pastel
et crayon
192 × 142 cm
(Don de 1979)

JOSEP LLORENS ARTIGAS
ET JOAN MIRÓ _____

• 9 céramiques
Cf. Miró

POL BURY _____

• *Quatre-vingt-deux cordes
verticales et leurs cylindres,* 1973
Bois et nylon
310 × 150 × 67,5 cm
(Don de 1974)

• *Sans titre,* 1978
11 encres de Chine
(Don de 1978)

• *Fontaine,* 1978
Acier inoxydable
230 × 410 × 270 cm
(Don de 1978)

ALEXANDER CALDER _____

• *Une boule noire, une boule
blanche,* 1930
Mobile
Hauteur : 242 cm
(Don de l'artiste et
de M. et A. Maeght, 1973)

• *Ten Restless Disks,* 1933
Stabile-mobile
400 × 300 cm
(Don de l'artiste et
de M. et A. Maeght, 1973)

• *Éléphant,* 1930-1944
Bronze
Hauteur : 14,5 cm
(Don de l'artiste et
de M. et A. Maeght, 1973)

• *Danseuse,* 1930-1944
Bronze
Hauteur : 68,5 cm
(Don de l'artiste et
de M. et A. Maeght, 1973)

• *Chat,* 1930-1944
Bronze
Hauteur : 13 cm
(Don de l'artiste et
de M. et A. Maeght, 1973)

• *Haltérophile,* 1930-1944
Bronze
Hauteur : 21 cm
(Don de l'artiste et
de M. et A. Maeght, 1973)

• *Étoile de mer,* 1930-1967
Bronze
Hauteur : 63 cm
(Don de l'artiste et
de M. et A. Maeght, 1973)

• *Cheval II,* 1930-1944
Bronze
Hauteur : 10 cm
(Don de l'artiste et
de M. et A. Maeght, 1973)

• *Acrobates,* 1930-1944
Bronze
Hauteur : 51,5 cm
(Don de l'artiste et
de M. et A. Maeght, 1973)

• *Empennage,* 1954
Stabile-mobile
150 × 240 cm
(Don de l'artiste, 1968)

• *Trois Soleils jaunes,* 1965
Mobile
233 × 100 cm
(Don de l'artiste et
de M. et A. Maeght, 1973)

ALAN DAVIE _____
• *The Horse that has Visions of
Immortality n° 1,* 1963
Huile sur toile
210 × 170 cm
(Don de 1967)

HÉLÈNE DELPRAT _____
• *Sans titre,* 1989
Acrylique sur toile
200 × 200 cm
(Don de 1989)

MARCO DEL RE _____
• *La muse qui m'amuse,* 1991
Huile et combustion sur bois
3 × 250 × 150 cm
(Don de 1991)

PIERRE DMITRIENKO _____
• *Il Fuerte O,* 1967-1968
Huile sur toile
196 × 132 cm

EUGÈNE DODEIGNE _____
• *Le Pot de fer,* 1965
Fusain sur papier
110 × 77,5 cm

CHRISTIAN DOTREMONT _____
• 6 dessins
Crayon de couleur sur papier
27 × 21 cm
(Don de 1978)

PIERRE FAUCHER _____
• *La Selva,* 1990
Acrylique et encre sur toile
200 × 200 cm
(Don de 1990)

194

FRANÇOIS FIEDLER _____
• *Peinture,* 1965
Huile sur toile
196 × 132 cm
(Don de 1967)

JEAN-MICHEL FOLON _____
• *Rake's Progress,* 1980
Encre de Chine sur papier
54,5 × 84,5 cm

LARS FREDRIKSON _____
• *Structure dynamique,* 1969
Technique mixte
151 × 102 cm
(Don de 1978)

• *Incurve IV,* 1971
Inox et plexiglas
100 × 175 cm
(Don de 1972)

JOAN GARDY-ARTIGAS _____
• *Sans titre*
Sculpture époxyde
200 × 50 × 50 cm

GÉRARD GASIOROWSKI _____
• *Pot de fleurs 29-30,* 1975
Acrylique sur papier
74 × 61 cm
(Don de 1985)

LIONEL GODART _____
• *Feux nocturnes*
Fusain, spray et encre de Chine
sur toile
102,5 × 89 cm
(Don de 1980)

ROBERTA GONZALES _____
• Ensemble de 45 dessins
(Don de 1972)

• *Le Jugement de Pâris,* 1952
Huile sur toile
146 × 97 cm
(Don de 1972)

• *Les Flèches n° 2,* 1968
Huile sur toile
114 × 146 cm
(Don de 1972)

• *La Fenêtre était grande*
ouverte n° 1, 1970
Huile sur toile
114 × 146 cm
(Don de 1972)

HANS HARTUNG _____
• *T. 1971 - H. 13,* 1971
Peinture acrylique sur toile
154 × 250 cm
(Don de 1980)

• *P. 10 - 1980 - H. 8,* 1980
Fusain sur papier contrecollé
sur carton
51,4 × 36,3 cm
(Don de 1980)

• *P. 25 - 1980 - H. 5,* 1980
Crayon gras et fusain sur papier
contrecollé sur carton
56,6 × 76,8 cm
(Don de 1980)

BARBARA HEPWORTH _____
• *Figure (Walnut),* 1964
Bronze
Hauteur : 181 cm
(Don de 1967)

195

ALEXANDRE ISTRATI _____
• *Peinture,* 1974
Huile sur toile
200 × 180 cm
(Don de 1977)

AKI KURODA _____
• *Weeping through the light,*
1991
Acrylique sur toile
270 × 160 cm
(Don de 1991)

DOMINIQUE LABAUVIE _____
• *Flying Saucer II,* 1991
Fusain sur papier
102,5 × 153 cm
(Don de 1991)

LADISLAS KIJNO _____
• *Tic, Tac, Dou,* 1965
Huile sur toile
195 × 153 cm
(Don de 1967)

NORBERT KRICKE _____
• Sculpture spatiale :
Grosse Fliessende, 1965
Acier inoxydable
105 × 502 × 315 cm
(Don de 1967)

ALAIN LE YAOUANC _____
• *E. E. M.,* 1966
Collage et gouache sur papier
marouflé sur bois
80 × 80 cm
(Don de 1968)

• *Masse dôme,* 1967
Montage sur bois
126 × 100 cm
(Don de 1968)

ANNE MADDEN _____
• *Alignement,* 1972
Acrylique sur toile
2 fois 162 × 228 cm

JEAN MESSAGIER _____
• *Une chaleur,* 1976
Huile sur toile
230 × 191 cm
(Don de 1977)

HENRI MICHAUX
et galerie Le Point Cardinal _____
• *Sans titre,* 1974
Encre de Chine et encre de couleur sur papier
51,5 × 65,5 cm
(Don de 1976)

• *Sans titre,* 1975
Encre de chine et encre de couleur sur papier
57 × 75 cm
(Don de 1976)

JOAN MIRÓ _____
• *Femme et oiseau I,* 1964
Huile sur toile
199 × 199 cm

• *Femme et oiseau II,* 1964
Huile sur toile
199 × 199 cm

196

• *Naissance du jour I,* 1964
Huile sur toile
146 × 113,5 cm

• *Naissance du jour II,* 1964
Huile sur toile
162 × 130 cm

• *Naissance du jour III,* 1964
Huile sur toile
162 × 130 cm

• *Vol d'oiseau à la première
étincelle de l'aube,* 1964
Huile sur toile
162 × 130 cm

• *Femme oiseau,* 1964
Huile sur toile
162 × 130 cm

• *Le Chant de la prairie,* 1964
Huile sur toile
193,5 × 130 cm

• Ensemble de 73 dessins
(Don de 1979)

• *Oiseau solaire,* 1968
Marbre de Carrare
158 × 240 × 137 cm
(Don de l'artiste et
de M. et A. Maeght, 1968)

• *Oiseau lunaire,* 1968
Marbre de Carrare
300 × 260 × 120 cm
(Don de l'artiste et
de M. et A. Maeght, 1968)

• *Oiseau,* 1968
Fer forgé
130 × 182 × 128 cm
(Don de l'artiste et
de M. et A. Maeght, 1968)

• *Femme à la chevelure
défaite,* 1968
Marbre de Carrare
210 × 150 × 90 cm
(Don de l'artiste et
de M. et A. Maeght, 1968)

• *Vitrail I et II,* 1979
Réalisés par les Ateliers
Simon-Charles Marcq, Reims
200 × 360 cm
(Don de l'artiste et
de M. et A. Maeght, 1980)

• *Tapisserie,* 1980
270 × 480 cm
(Don de 1981)

• *8 maquettes arc de
la Fondation,* 1963
Céramiques

• *Tête de taureau,* 1970
Céramique

• *Plaques murales,* 1963
Tour de la Fondation Maeght
Céramique

• *Gargouille,* 1964
Céramique
90 × 40 × 50 cm
(Don de l'artiste, de Josep Llorens Artigas, et
de M. et A. Maeght, 1968)

197

• *Gargouille,* 1968
Céramique
95 × 40 × 50 cm
(Don de l'artiste, de Josep
Llorens Artigas, et
de M. et A. Maeght, 1968)

• *Céramique ronde
(Cadran solaire),* 1973
Diamètre : 310 cm
(Don de l'artiste, de Josep Llo-
rens Artigas, et
de M. et A. Maeght, 1973)

• *Mur de la Fondation
Maeght,* 1968
Céramique
1240 × 200 cm
(Don de l'artiste, de Josep Llorens Artigas, et
de M. et A. Maeght, 1973)

• *Personnage,* 1968
Céramique
100 × 50 × 60 cm

• *Personnage,* 1968
Céramique
90 × 30 cm

• *Personnage* (totem), 1968
Céramique et fer
550 × 80 cm

• *Ensemble de 70 gouaches*

JOAN MITCHELL _____
• *Mon paysage,* 1967
Huile sur toile
260 × 180 cm
(Don de 1980)

JACQUES MONORY _____
• *Pompeï,* 1971
Acrylique sur toile
3 × 195 × 130 cm
(Don de 1977)

GÉRARD TITUS-CARMEL _____
• *Neuf Constructions éphémè-
res,* 1980
Mine de plomb et sanguine sur
papier
121 × 80 cm
(Don de 1980)

RAOUL UBAC _____
• *8 fusains,* 1977
200 × 50 cm
(Don de 1978)

BRAM VAN VELDE _____
• *Sans titre,* 1963
Gouache
120 × 125 cm
(Don de 1973)

VLADIMIR VELICKOVIC _____
• *Exit figure IX,* 1980
Huile sur toile
200 × 140 cm
(Don de 1980)

CLAUDE VISEUX _____
• *Un prédateur,* 1965
Acier inoxydable
105 × 245 cm
(Don de l'artiste et de la galerie
Le Point Cardinal, 1967)

198

AUTRES DONATIONS

Mme Arp

JEAN ARP _____

• *Pépin géant*, 1937-1966
Bronze poli
162 × 127 × 77 cm

Comité Reverdy

FRANCESCO DOMINGO _____

• *Portrait de Reverdy*, 1923
Fusain sur papier,
36,8 × 29,2 cm

• *Portrait de Reverdy*, 1923
Crayon sur papier,
47 × 31,5 cm

État Bulgare

ENTCHOV PIRONKOV _____

• *Sans titre*
Huile sur toile,
120 × 59,5 cm
(Don de 1966)

Galerie de France

CHRISTIAN DOTREMONT _____

• *Journée détournée du temps*,
1974
Encre de Chine sur papier
55,4 × 76, 2 cm

• *Pas un logogramme de bon
sens*, 1974
Encre de Chine sur papier
76,2 × 55,4 cm

Galerie Le Dessin

FRANÇOIS MARTIN _____

• *Fin de repas*, 1974
Encre de Chine sur papier de
soie,
64,6 × 48,8 cm

Galerie Le Point Cardinal

Cf. Donations artistes, Henri
Michaux

Mme Gonzales

JOAN GONZALES _____

• Ensemble de 40 pastels,
gouaches, fusains et aquarelles
(Don de 1972)

JULIO GONZALES _____

• Ensemble de 50 pastels,
gouaches, fusains et aquarelles
(Don de 1972)

• *Personnage debout*, 1932-1935
Fer,
128 × 69 cm

• *Portrait de la poétesse
Jean de Neyreïs*, 1914-1918
Bronze,
21,5 × 20 × 12 cm
(Don de 1972)

• *Daphné,* 1930-1936
Bronze,
142 × 70 × 35 cm
(Don de 1972)

HANS HARTUNG _____
• *T. 51-9,* 1951
Huile sur toile,
97 × 146 cm
(Don de 1972)

Michel Guy

BRAM VAN VELDE _____
• *Composition abstraite,* 1938
Huile sur toile
147 × 1 134 cm

• *Composition abstraite,* 1954
Huile sur papier
186 × 148 cm

• *Composition abstraite,* 1957
Gouache
137 × 148,5 cm

• Composition abstraite, 1966
Huile sur toile
193 × 127,5 cm

Mme Kandinsky

WASSILI KANDINSKY _____
• *Le Nœud rouge,* 1936
Huile sur toile,
89 × 116 cm
(Don de 1966)

M. Maurice Lefèvre-Foinet

JACQUES VILLON _____
• *Luxembourg : étude,* 1935
Encre de Chine et crayon sur
papier,
31,5 × 44, 7 cm

CLAIRE FALKENSTEIN _____
• *Points,* 1965
Métal soudé,
150 × 95 × 65 cm
(Don de 1968)

RUTH FRANKEN _____
• *Téléphone V,* 1967
Acier inoxydable, aluminium,
verre, appareillage électronique,
30 × 30 × 30 cm
(Don de 1968)

ALBERTO GIACOMETTI _____
• *Figures,* 1963
Catalogue rehaussé de dessins
Mine de plomb et crayon bille
sur papier,
22 × 37 cm
(Don de 1976)

FERNAND LÉGER _____
• *Céramique,* 1953
100 × 195 cm
(Don de 1976)

HENRI MATISSE _____
• *Portrait de Fabiani,* 1943
Crayon sur papier
53 × 40,6 cm
(Don de 1980)

200

Mᵐᵉ Léger

FERNAND LÉGER _____

• *Sculpture*
Bronze,
42 × 35 cm
(Don de 1972)

• *Paysage aux oiseaux*, 1954
Gouache sur papier
49 × 76 cm

• *Halles*, 1965
Dessin à l'encre de Chine sur
papier,
42 × 82 cm

Mᵐᵉ Tàpies

ANTONI TÀPIES _____

• *Charnière*, 1977
Empreintes, crayon et matière
sur papier,
36,2 × 50,5 cm

• *Épingle à nourrice*, 1977
Crayon et collage sur papier
37,5 × 50,5 cm

• *Flacon*, 1979
Crayon, acrylique et craie sur
papier,
36 × 50,8 cm

Mᵐᵉ Reverdy

JUAN GRIS _____

• *Portrait de Pierre
Reverdy*, 1918
Crayon sur carton
60 × 40,5 cm
(Don de 1975)

Mᵐᵉ de Wendel

LUIS FERNANDEZ _____

• *Nature morte*
Crayon et encre de Chine sur
papier,
50 × 64,4 cm

M. Lauren Steingrim

JEAN GROTH _____

• *Dessin*, 1975
Encre de Chine sur papier,
87 × 60 cm
(Don de 1975)

Mᵐᵉ Ossip Zadkine et Mᵐᵉ Susse

OSSIP ZADKINE _____

• *Statue pour un jardin*, 1958
Bronze n° 2/6
253 × 112 × 57 cm

201

Statuts de la Fondation

La Fondation Marguerite et Aimé Maeght est une véritable fondation. Elle ne dépend pas de l'administration des musées nationaux et ne bénéficie d'aucune subvention de l'État. Elle a été entièrement financée par Marguerite et Aimé Maeght. Cette formule, issue de la jurisprudence du Conseil d'État, permet aux fondateurs de créer, de leur vivant, une personne morale autonome à laquelle sont légués par acte notarié les biens, meubles et immeubles qui lui sont destinés et qu'elle a la charge de gérer dans l'intérêt général.

La Fondation dont la durée est illimitée a pour but de recevoir, acquérir, restaurer, conserver et exposer au public des œuvres d'art. Elle doit également donner aux artistes la possibilité de se rencontrer et de travailler en commun. Les statuts stipulent que la Fondation doit servir de cadre à des conférences, des colloques, des concerts, des projections cinématographiques et toutes manifestations artistiques et culturelles. Elle est régie par un conseil d'administration — présidé par Adrien Maeght depuis la mort de son père le 5 septembre 1981 — qui a la charge de représenter la Fondation dans tous les actes de la vie publique. Il est composé de onze membres bénévoles — nommés pour neuf ans et renouvelables par tiers tous les trois ans — désignés par les fondateurs, et de membres représentant les ministères de l'Intérieur et de la Culture.

Toutes les décisions du conseil d'administration, notamment les aliénations, le budget annuel, l'acceptation des dons et des legs doivent être approuvées par les ministères de tutelle. Le directeur de la Fondation fait exécuter les décisions prises par le Conseil et prend en charge l'organisation des différentes manifestations.

Le conseil d'administration de la Fondation favorise et encourage également une association à caractère désintéressé, l'association des Amis de la Fondation Maeght qui contribue à l'enrichissement de la collection permanente.

La Fondation a été construite sur un terrain appartenant à Marguerite et à Aimé Maeght, qui lui ont accordé un bail emphytéotique. Après la mort de Marguerite Maeght en 1977, Adrien Maeght, héritier du terrain et des bâtiments, a transformé le bail en donation.

202

Pendant de nombreuses années, Marguerite et Aimé Maeght ont aidé la Fondation financièrement quand cela se révélait nécessaire. Le budget s'est équilibré petit à petit et le déficit a été comblé en 1983.

La complète autonomie financière de la Fondation lui permet d'assurer son fonctionnement et ses expositions. Elle accueille plus de 250 000 visiteurs par an. Toutes les œuvres acquises ou données font partie du patrimoine de la Fondation et sont donc inaliénables, au même titre que le bâtiment et le terrain où elle est implantée.

203

Les chiffres de la Fondation

- La Fondation se trouve à 800 m de Saint-Paul, 12 km de l'aéroport de Nice-Côte d'Azur, 35 km de Cannes, 80 km de l'Italie et 980 km de Paris.

- Superficie du terrain : 10 640 m².

- Superficie des salles : 860 m².

- Superficie de la cour Giacometti : 450 m².

- Nombre de visiteurs depuis l'ouverture de la Fondation : 3 720 000 (3 460 000 entrées payantes) dont 109 690 pour l'exposition Malraux en 1973, 119 000 pour l'exposition Chagall en 1984 et 146 400 pour *L'Œuvre ultime* en 1989.

- Nombre d'expositions ayant eu lieu à la Fondation : 87 depuis avril 1966 jusqu'à octobre 92.

- Nombre de catalogues édités par la Fondation : 83.

- Nombre d'œuvres uniques appartenant à la Fondation : plus de 1 500 dont 150 sculptures et 70 dessins de Miró, 35 sculptures de Giacometti.

- Nombre de gravures appartenant à la Fondation : 6 000.

- Nombre de volumes à la bibliothèque : 16 000.

- Nombre de films d'art produits : 31 montés.

- Nombre de créations musicales : plus d'une centaine.

- Nombre de membres du conseil d'administration : 11, comprenant 8 membres bénévoles désignés par les fondateurs et 3 représentants des ministères de tutelle (Intérieur et Culture).

- Nombre d'employés : 18.

- Nombre de membres de la société des Amis de la Fondation Maeght : 2 000 en 1992.

- Subventions de l'État depuis sa création : 150 000 francs pour les Nuits de la Fondation.

- Entreprises ayant soutenu financièrement les Nuits de la Fondation : Air France, Accor, Alpha-Fnac, Comus France-Bontempi, Fondation Gulbenkian, Fondation Mercedes-Benz, Fondation SACEM, Fondation Total, Lloyd's Bank Ltd (France), Louis Vuitton, Texas Instruments, Radio France.

204

Société des amis de la Fondation Maeght

La société des Amis de la Fondation Maeght, association Loi 1901, compte 2 000 adhérents auxquels elle propose de nombreuses activités : conférences, voyages culturels, visites commentées de chaque exposition, ainsi que des réductions (sur les éditions de la Fondation Maeght) à la librairie, des prêts à la bibliothèque, des envois d'affiches et de catalogues.

Membre actif : 300 francs - Couple : 400 francs - Étudiant : 150 francs
Membre de soutien : 800 francs - Membre bienfaiteur : 1 500 francs.

Les inscriptions sont reçues à la Fondation Maeght :
Société des Amis, 06570 Saint-Paul
Téléphone : 93.32.81.63 - Télex : 470 204 - Télécopie : 93.32.53.22

Comité Pierre Reverdy

En raison des liens qui existaient entre Pierre Reverdy et Marguerite et Aimé Maeght, Mme Pierre Reverdy, à la suite de l'exposition de 1970 consacrée au poète, a offert le 18 juin 1974 la pleine propriété de l'œuvre littéraire de son mari à la Fondation Maeght. Une telle générosité a peu d'exemples dans l'histoire littéraire. L'acte stipule qu'un Comité Pierre Reverdy (présidé à l'origine par Marguerite Maeght et, aujourd'hui, par François Chapon) exerce la gestion morale, intellectuelle et matérielle de ce don. Ainsi est assumée l'édition complète des œuvres. Le respect des intentions de l'auteur préside à toutes les initiatives qu'appelle sa mémoire. Un regroupement de documents, manuscrits, livres, portraits, est effectué dans le cadre des collections de la Fondation.

Guide de la Fondation Marguerite et Aimé Maeght

Auteur : Cati Chambon.

Recherches photographiques : Colette Robin.
Archives : Fondation Maeght.
Maquette : Pierre Simonneau et Andréane Burgat-Ruffin.

Fondation Maeght

06570 Saint-Paul
Téléphone : 93.32.81.63 - Télécopie : 93.32.53.22
Ouvert tous les jours, y compris dimanches et jours fériés
1er octobre - 30 juin : 10 h/12 h 30 - 14 h 30/18 h
1er juillet - 30 septembre : 10 h/19 h sans interruption
Parking - Cafétéria

Table des matières

CRÉDITS PHOTOGRAPHIQUES :

Oscar Bailey, Y. Coatsaliou, Pascal Faligot, Fondation Maeght, Galerie Adrien Maeght,
Claude Gaspari, Claude Germain, Jacques Gomot, Paul Guglielmo, Rolf Hegi, Image Art,
Mariette Lachaud, Aimé Maeght, Marguerite Maeght, Léo Mirkine, Jack Nisberg,
A. Ostier, Photo Serge, Jacques Robert, Michel N'Guyen, Étienne-Bertrand Weill.

ACHEVÉ D'IMPRIMER
SUR LES PRESSES DE L'IMPRIMERIE ARTE ADRIEN MAEGHT
LE 10 JUIN 1993
· ISBN FRANÇAIS : 2-86941-115-4
ISBN ALLEMAND : 2-86941-220-7
ISBN ANGLAIS : 2-86941-221-5
ISBN ITALIEN : 2-86941-222-3